国語教育選書

質の高い対話で深い学びを引き出す

小学校国語科

「批評読みとその交流」の授業づくり

河野順子 編著

明治図書

はじめに

新学習指導要領をめぐる議論も熱を帯びてきた。近年、強調されているのは、「生きる力」の育成である。「何を知っているか、何ができるか」と共に、「知っていること・できることを実際の場でどう使うか」、そして、これらの土台であり、目標でもある「どのように社会・世界と関わり、よりよい人生を送るか」という三つの柱の資質・能力を各教科などにおける具体的な活動を通して育んでいくことが求められている。

こうした力を育てるために、今回の改訂では「アクティブ・ラーニング」の推進が叫ばれている。「アクティブ・ラーニング」の定義はこの何年間で推移しており、二〇一六年一二月の「主体的・対話的で深い学び」（「幼稚園、小学校、中学校、高等学校及び特別支援学校の学習指導要領等の改善及び必要な方策等について（答申）」）と定義されている。そして、その内実を次のように説明している。

① 学ぶことに興味や関心を持ち、自己のキャリア形成の方向性と関連付けながら、見通しを持って粘り強く取り組み、自己の学習活動を振り返って次につなげる「主体的な学び」が実現できているか。

② 子供同士の協働、教職員や地域の人との対話、先哲の考え方を手掛かりに考えること等を通じ、自己の考えを広げ深める「対話的な学び」が実現できているか。

③ 習得・活用・探究という学びの過程の中で、各教科等の特質に応じた「見方・考え方」を働かせながら、知識を相互に関連付けてより深く理解したり、情報を精査して考えを形成したり、問題を見いだして解決策を考えたり、思いや考えを基に創造したりすることに向かう「深い学び」が実現できているか。

ここで、教育に関わる者として考えていかなければならないことは、「主体的・対話的学び」「深い学び」の実質をどう考えればよいのかということである。

こうした視点は、実は新学習指導要領案が出てきたから議論すべき問題というよりも、特に小学校教育などでは、子どもの側からの学びの実現に向けて行われてきた実践には既に見えてきた視点でもある。

例えば、河野順子（二〇〇六）『〈対話〉による説明的文章の学習指導―メタ認知の内面化の理論提案を中心に―』（風間書房）では、説明的文章の学びにおいて、〈対話〉を核にした学び論を展開している。そこでは、目指すべき説明的文章の学習指導を、「学習者が自らの既有知識をもとに、他者（筆者、教材、教師、学習者）との意味的相互交渉の過程を通して、自らの既有知識を新たに再構成していく意味的〈対話〉を実現する学習指導」と規定して、小学校での実践を展開している。子どもの側からの学びを立ち上げてきた実践には、既に主体的・対話的な学びが実現しているのである。

しかし、こうした先行研究・実践の積み重ねにもかかわらず、現在、学校で行われている教育は、「何を知っているか」という知識中心の教育にとどまってしまいがちであることも確かである。

この機会に改めて、子どもから出発する学びのあり方、それが、子どもの生きる言葉の力を育てる深い対話を実現できる学びはどうあればよいのかを提案していきたい。

本書では、私が小学校教員時代に、教育困難校と言われる学校で、子どもと共に学び合う日々の中から生み出した「批評読みとその交流」を子どもの主体的・対話的な学びの実現できる説明的文章の学習指導として提案することにしたい。

本書で紹介されている先生方の実践は、私が昨年度まで在籍していた熊本大学で出会った若き先生方、そして、熊本の教育を牽引されていらっしゃるベテランの先生方のものである。在任中に出会った学生たちは自分の力なさに心折れながらも、子どもたちのための学びを創ることのできる先生になりたいと純粋に努力を重ねていく学生たちだった。この学生たちと共に子どもの側からの学びを協働で開発していった実践も本書の中に収められている。また、熊本の地で出会ったベテランの先生方の子どもの側からの学びを実現したいという熱い思いにも、国語教育研究者として多くのことを学ばせていただき、微力ながら力添えをしたいと思わせていただいた。

周知のように、二〇一六年四月、熊本は大きな地震に見舞われ、甚大なる被害を受けた。そんな厳しい状況の中でも、「子どもの側からの学びを実現した」という思いで先生方が頑張っていらっしゃる。地震で学校再開がいつになるかわからないような状態の中でも、「子どもたちの顔を思い浮かべながら、子どもの笑顔が広がる実践を考えています。」とお話しされていらっしゃった先生方。「学校が再開される前から体育館に避難してきた子どもたちの心を回復させようと有志の先生方が自主的に集まって読み聞かせを行った」というお便りをいただいた先生方。こうした先生方の実践をお届けしながら、本書が、どこまでも子どもの側からの学びを実現しようと頑張っている全国の先生方のお役に立てることを切に願っている。

最後に、本書を上梓するために、明治図書編集長の木山麻衣子さんのお力添えがあったことを記しておきたい。厳しい状況にある熊本になんとか元気を与えることはできないかと模索していた私に、「私も九州出身者です。なんとか熊本の復興にお力添えをしたいです。」というお言葉をいただき、本書の刊行が実現した。地域にも目を配ってくださる木山さんの温かな眼差しに心より感謝申し上げたい。

平成二十九年二月

河野　順子

もくじ

第三章 実践編 「批評読みとその交流」を取り入れた授業づくり

第一章　理論編

主体的・対話的で深い学びを実現する国語授業づくりとは

1　深い学びにつながる「対話」の重要性

学びは、子どもから出発し、教室での他者との関わりを通して、再び子どもに返していくものである。授業では、子どもの側から子ども主体の学びが起こることが大切である。私は、子どもの側からの子ども主体の学びを「学習者が既に持っている知識を想起し、生きて働く力として子ども自らが再構成していくことのできる学習指導」[i]と定義している。

こうした考え方のもとでは、子どもたちはどんな小さな子どもであっても既に既有の知識や経験を持っており、それを人・もの・こととの関わりを通して創り変えていく主体的な存在であるという捉え方をする。「読む」ということ、「理解する」ということは、教材文に書かれてあることが教え授けられることではなく、既に子どもたちが持っている知識や経験をもとに教材文に出会っていくものである。子どもの側が既に持っている知識や経験をもとに教材に出会うからこそ、教材との対話が引き出されるのである。

このことについて、学力差が大きくなり、学びから逃避する子どもが増えていく三年生の学びを例に述べてみる。

三年生の子どもたちが「すがたをかえる大豆」（国分牧衛）という文章に出会うとする。

このとき、子どもたちの中には、既に「大豆」についての知識がある。子どもたちが、「大豆」に関する既有知識を持っているからこそ、また筆者の「大豆」に対する見方・考え方、述べ方（これを発想と言う）[ii]と異なっているからこそ、「えっ、大豆がすがたを変えているの?」「どうして大豆はすがたを変えることが必要なの?」というような対話が生成する。

また、子どもたちの主体的な対話を引き出すために、既習学習を想起させることも大切である。

例えば、二年生で学んだ「おにごっこ」の説明文と比べさせてみたい。すると、「二年生のときに学んだ『おにごっこ』の説明文では、第一段落に『どんなあそびがあるのでしょう。なぜ、そのようなあそび方をするのでしょう。』という二つの問いがあって、そのあとの段落はこの問いについて、筆者が説明してくれていたけれども、今度の『すがたをかえる大豆』ではどんな問いが出されているのかなあ。そして、どのように説明されているのかなあ。」といった対話が生成していく。

こうして、子どもたちの中に、何が書かれてあるかだけではなくて、どのように書かれているのかについても対話が進展していくこととなる。子どもたちに生きて働く力を育てる説明的文章の学習指導では、内容のみの対話で終わってはならない。「いかに書かれてあるか」という書かれ方に対する対話をどう生成するかが重要である。なぜなら、いかに書かれてあるかについて主体的に子どもが考えるからこそ、そこで、習得された書かれ方についての知識や技能がのちの教材に出会ったときの対話の原点となるからである。

さらに、子どもたちは、「すがたをかえる大豆」には問いがないことに気づく。すると、「問いがないけれども、どうしてかな? では隠されている問いを考えてみよう。」というように、主体的な学びへと進展していく。

深い学びにつながる対話は、「何が書かれてあるか」だけではなく、「いかに書かれてあるか」に注目する対話である。

したがって、本書では、文章を一定の意味を伝えるための安定したシステムと考えない。むしろ、筆者も含めて読者がそこに参加することによって、その都度開かれる「意味を創出するための対話的システム」と考える[iii]。

このように、主体的な学びとは、子どもたちが既有の知識・技能をもとにしながら、筆者の見方・考え方・述べ方に出会い、自分が既に持っていた自分なりの見方・考え方・述べ方を創り直していくような学びである。つまり、説明的文章の学びでは、「筆者との対話」が主体的な学びを形成するために重要なのである。説明的文章の学びに子どもたちが主体的に向き合えないのは、目的意識がないままに、教師からの一方的な指示や問い（例えば「文章構成はどうなっているかな？」など）に受け身的に向かわされることが一つの大きな原因である。そこに、「筆者」に尋ねるという学習方法が工夫されたなら、子どもたちは目的意識を持って、説明的文章の学習に取り組むことができる。これが、説明的文章の学習に、「筆者との対話」が必要な理由である。

こうして、先述したような筆者との「対話」が行われるからこそ、子どもたちは自分が既に持っていた見方・考え方・述べ方を再構成することができる。しかし、子どもたちが既に持っていた知識や技能、見方・考え方にはそれぞれの経験による制限がある。そこで、教室にいる教師や友達という「他者との対話」が必要となる。つまり、教室を成立させている人たちとの話し合いが大切になってくるのである。

そこで、本書においては、主体的な説明的文章の学びを、次のように定義することにしたい。

子どもが自らの既有知識をもとに、他者（筆者、教材、学習者）との意味的相互交渉の過程を通して、自らの既有知識を新たに再構成していく意味的〈対話〉を実現する学習指導。

例えば、「すがたをかえる大豆」の学習において、子どもたちは、筆者が一番言いたいことは最後の段落の「人々のちえにおどろかされます。」だと捉える。このとき、子どもたちの中に、説明的文章とは、筆者が言いたいことがあり、それを言うために、事例の選択や順序、論理展開を工夫しているのだという学び方に関する既有知識・技能があったならば、子どもたちの中から、では、筆者は最後の段落に書いてある主張を言うために、「なぜ筆者は、いり豆・煮豆の次にきなこの事例を書いて、その次にとうふの順番に事例を書いたのだろうか。」という問いが生み出される。

この問いに対して、ある児童が、「『一番わかりやすいのは』と書いてあるので、いり豆・煮豆はそのすがたのままだから一番わかりやすいから書いたと思う。でも、きなことどうふは別に順番が逆でもいいと思うよね。」と答えたとしよう。すると、他の子どもが、「きなこは大豆からできているんだよってお母さんから聞いたことがあるし、大豆をつぶして粉にするときなこになるでしょ。でも、とうふはまさか大豆だってわからないんじゃない。だから、最後の段落の『大豆のよいところに気づき、食事に取り入れてきた昔の人々のちえにおどろかされます。』ということが言えるのだと思います。」と発言したとしよう。すると、先に答えた子どもは、「ああ、事例は最後の結論部分との関係で考えるとわかりやすいな。」「なるほど、『昔の人々のちえにおどろかされます』を言うためには、『大豆にふくまれる大切なえいようだけを取り出して、ちがう食品にするくふうもあります。』はやっぱり、すごい人間の知恵だと思うからなあ。」と読み取っていくことであろう。

このように、他者である友達の発言によって、子どもたちは既有の知識を揺さぶられ、なるほどそうかという考えへと導かれていくのである。だから、最終的に必要とされる「自己内対話」を引き出すために、「他者との対話」は欠かせない。以上、「筆者との対話」「他者との対話」を経て、子どもたちは、自らの既有の知識を問い直される深い学びとしての「自己内対話」を生成していく。

2 対話を実現する質の高い課題設定とは

主体的・対話的な学びを実現するうえで重要なのは、課題が質の高いものでなくてはならないということである。子ども主体の学びだと言いながら、子どもから出てきた単純な疑問のレベルのものでは、単元を通して質の高いものとして子どもたちの要求を支えられるものとはならない。質の高い課題をどう設定するかがその後の子どもたちの主体的で対話的な学びを形成するためには欠かせないのである。

子どもの中に対話が起こるような質の高い課題は、それまでの子どもの既有知識・技能にはない新たな見方・考え方・述べ方に関する知識や技能を得られることのできるものでなくてはならない。それまでの子どもの既有知識・技能にはないものが突きつけられるからこそ、子どもの中に対話が引き起こされるのである。

このとき、鶴田清司氏が提唱している〈教材内容〉〈教科内容〉〈教育内容〉の三区分が役立つ。

〈教材内容〉とは、教材固有の内容を指す。説明文教材では、文章に書かれている内容（事実・意見・主張・要旨など）について理解させることを目指す。いわば「教材を教える」という立場である。

〈教科内容〉とは、各教科の基礎となっている学問の体系（知識・技術）が指導事項の中心になる。国語科説明文領域で言えば、説明的表現の原理・方法およびそれに基づいた「読み書きの技術」がそれにあたる。

〈教育内容〉とは、〈教科内容〉よりももっと広く、教科の枠組みを超えて広く指導するものである。身近なレベルでは返事や挨拶の仕方に始まり、ものの見方・考え方、学び方などがそれにあたる。説明文の授業では、自然観・社会観などにあたる。それは一学問領域という枠を超えて、文化・社会・道徳などの広範囲な指導事項におよんでくる[iv]。

かつて、私は小学校教員として勤務した経験がある。このとき二校目の学校が、教育困難校と言われる、あまりありがたくないレッテルをはられた学校であった。今でこそ普通に行われている小中連携が、子どもたちの教育環境をよりよいものにしようという先生方の思いから、既に実施されており、年間を通して小学校・中学校での授業見学の機会も設けられていた。こうした状況の中で、子どもたちに生きる力を育てなければならないという議論となり、今日的課題である、習得したことを活用できるような学力を育てるためにどうすればよいかという議論が熱心に行われた。そして、先輩の先生方を中心に授業改革が進められた。そこで行われたのが指導案の改善であった。ここで行われた議論は次のようなものであった。

これまで単元目標として、例えば、「大造じいさんとガン」（五年）であれば、指導案にのせられていたのは、「残雪に対する大造じいさんの心情の変化を読み取ろう」というような、先の三区分のうちの〈教材内容〉のみであった。この単元目標を目指して教師がしゃかりきになって教えたとしても、それだけでは子どもたちが学んだことをもとに自力で学んでいくことは難しい。子どもたちが自力で学びを継続していくためには、学び方を獲得させる必要があるということになった。そして、そこで先輩の先生方が導入したのが鶴田清司氏の三区分の理論であった。その結果、指導案の単元目標として、〈教材内容〉だけではなく、〈教科内容〉を導入することになった。こうした知識・技能を子どもたちが出会う教材を通して、段階的に育てていく必要があるということになった。

こうした取り組みを通して、若かった私は、子どもの事実に寄り添いながら、課題づくりを目指した時代があった。その結果たどり着いたのが、課題づくりは、子どもにとって既有の知識・技能を越えた新たな知識・

技能の獲得へと誘ってくれるようなものにする必要があるということであった。その後、先述したような理論などに出会い、この考えは確信を得たものとなっていった。

説明的文章の学習指導で、子どもたちが苦手意識を持つのが三年・四年の段落相互の関係を読み取るときである。しかし、これは子どもたちが苦手意識を持つというよりも、この段落相互の関係の読み取りを先生方が苦手としており、文章構成を単なる「型」として教えてしまっているから、その結果として、子どもたちが苦手意識を持つようになってしまっていると言ってもよい。だから、子どもたちは段落相互の関係を読み取ることの必要性を感じることができず、意欲を持つことができないと思われる。

しかし、実際には、三年生以降の時期というのは、子どもたちは、段落相互の関係に大変興味・関心を持ち、おもしろがって考えていく発達にあるということがわかってきた[v]。

例えば、三年生教材「すがたをかえる大豆」をもとに、対話・討論を実現する質の高い課題設定を考えてみたい。

子どもたちは説明的文章の学習指導において、三年生になって構造を学ぶ。構造とは、説明的文章というのは「はじめ」―「なか」―「終わり」でできているという全体構造についての知識である。しかし、これを「型」として学ぶのではなくて、以下のように手続き的知識（これについては二六頁で述べる）として、使える技能として捉えることが大切である。

説明的文章とは、「はじめ」のところで、これから何について説明するかを提示する。「すがたをかえる大豆」では、第一段落で「大豆はいろいろな食品にすがたをかえていることが多いので気づかれないのです。」と述べたあとで、第二段落で、「かたい大豆は、そのままでは食べにくく、消化もよくありません。そのため、いろいろ手をくわえて、おいしく食べるくふうをしています。」と書かれている。ここには、「では、人間はどのようにいろいろ手をくわえて、おいしく食べるくふうをしているのでしょうか。」という問いが隠されていることを子どもたちに確認しておく。そのうえで、次のような活動を行っていきたい。

三年生くらいになると、子どもたちに、「筆者はなぜ説明的文章を書くのだろう。」と尋ねると、「伝えたいことがあるから。」と答える。そこで、「では、筆者が一番私たち読者に伝えたいことはどこに書いてあるかな？」と探させると、「一番最後。」と答える。このようにして、説明的文章の「はじめ」には、これから筆者が説明することについて提示し、これからどんな説明を私たちにしてくれるのか問いなどを出して示してくれる役割があり、説明的文章を通して一番伝えたいことは最後の段落に書いているという段落の役割として、「はじめ」「おわり」があることを確認させていきたい。

ここまで確認すると、「では、筆者は一番言いたい最後の段落を言うために、どのような工夫をしているの？」と尋ねたい。すると、子どもたちは、「例を出している。」というように、これまでの学習を振り返って答えることができるのが三年生段階である。もし、答えることができなければ、こうしたことは、三年生段階で、必要な知識・技能として育てていきたい。

ここまでくると、「そうだね。言いたいことを言うために筆者は例を出しているね。では、『すがたをかえる大豆』ではここにある九つの例があります。筆者が一番言いたいこと『大豆のよいところに気づき、食事に取り入れてきた昔の人々のちえにおどろかされます。』を言うために、みんなが筆者だったら、この九つの例をどのような順番に入れますか？」と問いかけ、ワークシートにカードを並ばせる[vi]。このときに子どもたちには自分だったらということを強調して考えさせるとよい。すると、このカード並べのときに、子どもたちの既有知識などが引き出されていく。こうした活動を通して、子どもたちが既に持っている知識と新たな教材にある新たな知識との出会いの中で、子どもたちにとっての問いは質の高い課題となり得るのである。

説明的文章教材３年「すがたをかえる大豆（国分牧衛）」実践ワークシート

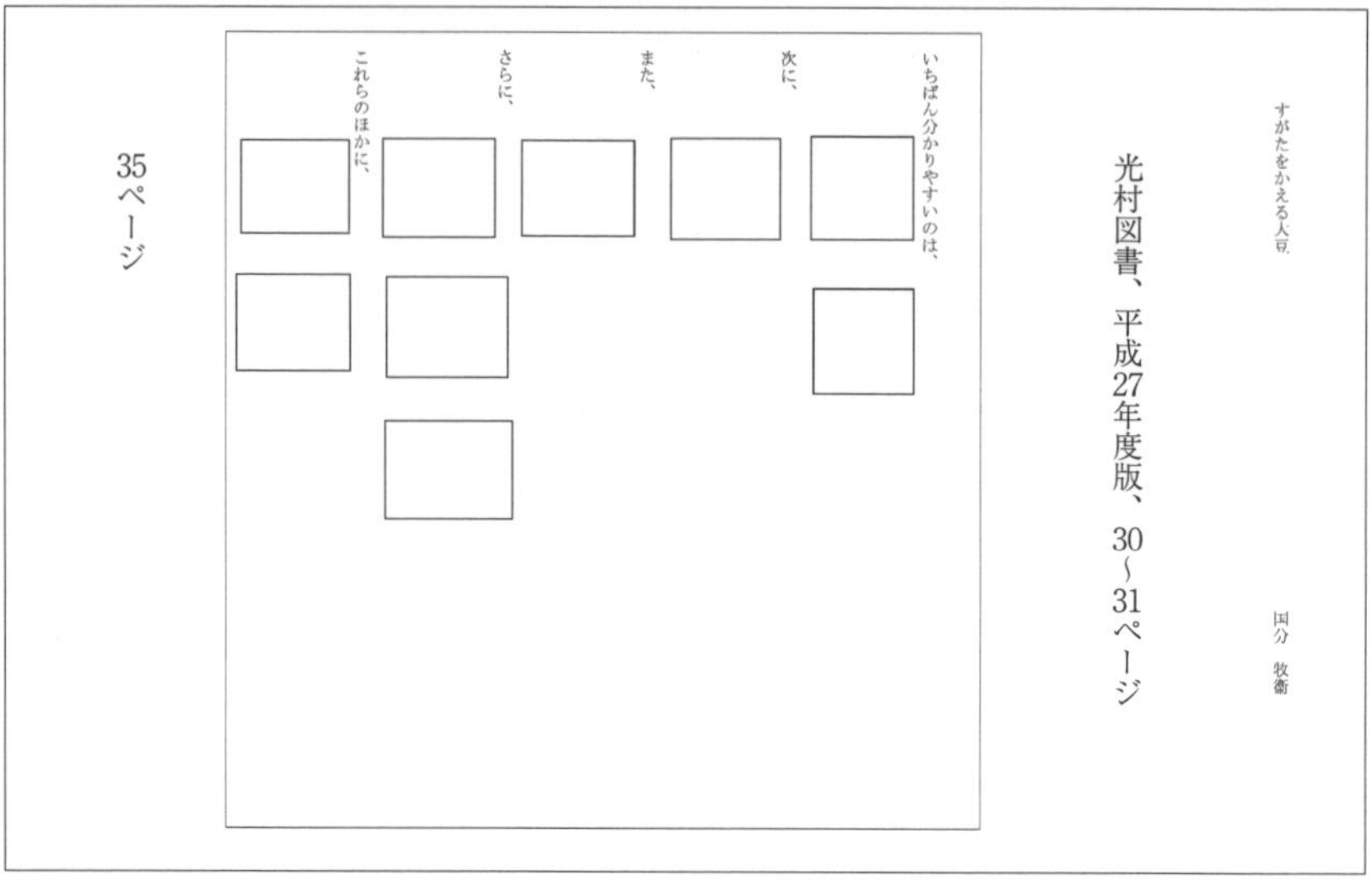
すがたをかえる大豆
国分　牧衛
光村図書、平成27年度版、30～31ページ
いちばん分かりやすいのは、
次に、
また、
さらに、
これらのほかに、
35ページ

「あなたが筆者なら，ここにある９つの事例をどのような順序に並べますか」

この学習では、私自身が飛び込みで行ったり、先生方にやっていただいたりした結果、次のような問いが子どもの側から生成することがわかった。

「筆者はとうふの事例を第三番目の事例にしているけれども、第四番目がよいのではないだろうか。」という問いである。この他にも事例の順序に関する問いが子どもから必然的に出てくる。これは学びの前に、先述したワークシートをもとに本教材で子どもたちに獲得させたい知識・技能に対して、事例を並べるという活動を導入することによって、事例の順序性の論理を先行情報として働かせることができたからであろうと考えられる[vii]。

こうして教材固有の〈教科内容〉としての知識・技能に出会わせるような活動のもと、子どもの側から出てきた問いは質の高い課題として、単元全体を通した質の高い対話を生成する原点となる。

つまり、質の高い問いとは、その教材固有の〈教科内容〉にあたるものであると言うことができる。

「すがたをかえる大豆」は、大豆が人間の知恵によっていろいろな形に変えられ、食生活を豊かにしているということを説明した文章である。そうした人間の知恵のすばらしさを説明するために、筆者は、人間による加工の工程を簡単なものから複雑なものへという順序性の論理によって展開したうえで、人間の力以外の力を借りて大豆とは異なる食品を生み出しているという論理展開をとっている。したがって、こうした論理を捉える技能を習得・活用していくことのできる学びを実現するためには、教材との出会いにおいて、筆者の発想〈ものの見方・考え方・述べ方〉のすばらしさを実感しながら、そうした順序性の論理展開を読み取らなければならない。これが本教材を通して子どもたちに身につけさせたい〈教科内容〉と捉えることができる。質の高い課題は、その教材固有の〈教科内容〉に関わるものなのである。

学びを子ども主体のものにするためには、こうした質の高い課題を教師が提示するのではなく、あたかも子どもたち自らが発見できたかのような活動が必要となるのである。

では、一年生の授業では、どのようにして、質の高い課題を見いだせばよいのかと思われるであろう。例えば、熊本県の高山裕子先生に次のような実践がある[viii]。

「いろいろなくちばし」(「くちばし」『こくご一上』光村図書、平成27年度版)の授業である。

一年生の説明的文章の学習指導を難しいと感じている先生方は多いであろう。本教材は、「きつつき」「おうむ」「はちどり」という鳥のくちばしの形と餌の食べ方を関連づけた説明的文章の教材である。

例えば、「きつつき」では、次のような説明がされている。

> さきが　するどく　とがった　くちばしです。
> これは、なんの　くちばしでしょう。
> これは、きつつきの　くちばしです。
> きつつきは、とがった　くちばしで、きに　あなを　あけます。
> そして、きの　なかに　いる　むしを　たべます。

この説明的文章教材で学ぶべき〈教科内容〉は何であろうか。よく一年生の説明的文章の〈教科内容〉は？と尋ねると、「問いと答えの関係を捉える力」と答える先生方が多い。これももちろん説明的文章の構造を捉える力の一つではあるが、その後の学年へとつながっていく論理的思考力となると、「きつつきは、とがったくちばし」(くちばしの形)なので、「きにあなをあけ」(くちばしの働き)、その結果、「きのなかにいるむしをたべます。」という因果関係を捉える論理ということになる。

子どもたちは鳥のことは既に知っている。しかし、鳥のくちばしの形と働かせ方、そして、餌の食べ方を関連づけて捉えるという筆者の発想は初めて出会う見方・考え方・述べ方である。こうした筆者の見方・考え方・述べ方である〈教科内容〉に出会わせることが大切である。

高山先生は、単元のゴールを「動物たちの体のひみつクイズをしよう！」と設定した。この単元のゴールへ向けて、子どもたちが解明すべき課題は、①「きつつきのくちばしのひみつを見つけよう。」②「おうむのくちばしのひみつを見つけよう。」③「はちどりのくちばしのひみつを見つけよう。」と連続する課題である。

一年生の子どもにとって、「ひみつ」を見つけるという課題は学習意欲をかき立てられる。しかし、こうした課題が子どもたちの興味のもとに設定されたとしても、教材が持っている〈教科内容〉、本教材であれば、鳥のくちばしの形と働かせ方、そして、餌の食べ方を関連づけて、その因果関係を捉えるという知識・技能の育成へ向けて授業が設定されなければ、子どもたちに対話は起こらず、質の高い課題とは言えない。

高山実践では、「ひみつ」を鳥のくちばしの形と働かせ方、そして、餌の食べ方を関連づけて、その因果関係を捉えるという〈教科内容〉をきちんと位置づけている。こうした質の高い課題は子どもに対話を引き起こす。「はちどりのひみつを見つけよう。」の学習の一時間の様子を述べてみたい。

まず、導入では、「はちどりのくちばしの写真を見て、気づいたことや発見したことを発表しよう！」という活動が設けられた。

小学校に上がって三カ月が過ぎた子どもたちであるが、写真を見て気づいたことだから、どんどん前に出て写真を指しながら話をしていった。ここでは、先生は、どの子どもの発言にも耳を傾けて受け入れていく。このとき、どのような教師の働きかけが子どもの対話を引き出すかと言うと、子どもたちの既有知識を教師が意識的に引き出そうとしているときである。

例えば、写真を見て、子どもたちの発言に対して、

T　はい。「〜みたい。」っていう言葉、他にありますか？「〜みたい。」

と教師が、比喩表現による捉え方を促していく。

　すると、子どものほうから、「ねじみたい」という発言が返ってきた。この発言を受けて先生は、「どうして？　ねじみたい？　どうして？　ねじみたいかなって人はどうして？　どこがねじみたい？」とその理由を問いかけた。すると、子どもは、「はちどりのくちばしのところがとがっているからです。」と答えている。こうした子どもの発言から、子どもたちは自分たちの生活の中にある身近な道具と比べて、はちどりのくちばしの秘密を捉えようとしていることがわかる。

　こうした子どもたちの既有知識を引き出すような工夫が、子どもたちの主体性を保持させ、深い学びへと誘う対話を実現させていく。子どもたちの既有知識を引き出す教師の工夫は、次には前時、前々時に学んだ既習の知識の引き出しへと進んでいく。
T　今までのおうむとかきつつきと違うところはなかった？
と子どもたちに問いかけたのである。

　この教師の発問に促されるように、子どもたちのほうからは、「きつつきのくちばしは『かたくてとがっている』から、『きにあなをあけ』『きのなかにいるむしをたべる』」と既に学んだ因果関係の論理が出てくる。

　教師がこうした子どもたちが既に学んだ「きつつきのひみつ」を引き出しているからこそ、子どもたちの中では、では、「はちどりのくちばしはとがって長いからどのように使って、どのように餌を食べるのかな？」という問いが立ち上がっていき、「ひみつ」という課題を解決するための意欲が高まり、対話が生まれていく。

　こうして、課題が子どものものとして立ち上がっていったとき、次に、この課題へ向けてどのように解決すればよいのかという解決方法が重要となる。

　このとき高山先生は、既習の学び方を子どもたちに次のように想起させていった。

T　じゃあ村田さんは、どんなふうにはちどりを書いているのかなって質問。最初は、何の部屋かな。
C　ヒントの部屋。
T　ヒントの部屋。よし。次は？
C　問いの部屋。
T　問いの部屋。何が書いてあるの？
C　これは何のくちばしでしょう？
C　答えの部屋。
T　おお、すごい。部屋を覚えてますね。答えの部屋。
C　説明の部屋。
C　そう。説明の部屋。
T　うん。これチカさんが、この前部屋の名前をつけてくれて。（中略）じゃあ、いっせいに今から読んでいきますが、秘密いくつあった？
C　三つ。
T　何と何だったか覚えていますか？

ここで、高山先生は教室の掲示物に子どもたちの眼差しを集めた。教室には、既習のきつつきとおうむのところに「くちばしの形」「使い方」「えさ」という三つを色分けした掲示物がある。これを指さして、指示を行ったので、子どもたちにとっては、「はちどりのひみつ」を見つけるためには、この三つの秘密を読み取ればよいのだという学び方を容易に引き出すことができた。子どもたちの中に対話が始まるためには、質の高い課題はもちろんであるが、どのように学べばよいかという学び方も重要となる。

しかし、子どもたちの中に真に深い学びとしての対話が生成されたのは、次のような授業デザインからである。

子どもたちが課題「はちどりのひみつを見つけよう。」に対して、筆者の説明に書いてある三つの秘密に線を引いたとしても、これが子どもにとって本当に「理解できた」「わかった」ということにはならない。つまり、子どもたちの既有知識を他者との対話を経て再構成することができたかというとそういうわけではない。そこで、高山先生は、次のような授業デザインを考えた。

子どもたちが概念的に理解した「はちどりのひみつ」である「くちばしの形」「使い方」「えさ」という三つを関連づけた知識・理解を、より実感のあるものとするために、子どもたちが生活の中で見たり使ったりしている道具（ペンチ、きり、ストロー、金づち）を教室に持ち込んで、次のように問いかけたのである。

T　いつものように、はちどりのくちばしはどれにたとえようか？

すると、一人の子どもが、

C　えっと、きりです。

と答えた。高山先生は、その子を促すように、

T　なぜかと言うと、

と言葉を継いだ。その言葉を受けて、子どもは、

C　なぜかと言うと、細いからです。

と答えた。

ここから、子どもたちが口々に

C　違います。

C　なぜかと言うとが言えます。
C　同じです。

と発言しながら挙手していった。この瞬間、「きり」と答えた明日香（仮名）をはじめとする子どもたちの中には、「どうしてきりだったらだめなの？　筆者の説明にも『長い』って書いてあるのに。」という葛藤が起こっていたと思われる。一方、きりではないと考える子どもたちの中では、「きりだったら蜜を吸うことはできない。」という考えが渦巻き、発言したくてたまらない雰囲気が教室にあふれていた。

そして、対話は次のように進んでいった。

T　はい。紀子さん。
C　私はストローと思います。（C　同じです。C　同じ。）
T　うん。
C　なぜかと言うと、花の蜜を吸えるからです。（C　同じです。C　吸えるからです。）
T　教科書に書いてあったね。
C　花の蜜を……
C　吸います。
C　ストローでも牛乳は吸う。
T　すごーい。
C　牛乳も吸います。
T　吸います。ああ、牛乳もこれで吸い……
C　ます。

C　だから、花の蜜も吸えると。

子どもたちが他者の言葉を大切に受け止め、次なる考えを生み出す対話が生成されていることが見て取れる。このとき、子どもたちの「ストローでも牛乳は吸う。」という既有の知識・経験と関連づけられることによって、それぞれの子どもたちの中に質の高い対話が生成し、その結果、既有知識が再構成される瞬間が訪れたと考えられる。こうした質の高い課題と学び方、そして、深い学びとしての対話が生成するためには既有知識や経験の掘り起こしが欠かせないのである。

3　メタ認知的知識としての条件的知識と深い学び

メタ認知は自立した学習者を育てるためには欠かせない。学習指導においてメタ認知の理論が注目されて久しい。現在も、メタ認知の理論は進展を続けているが、三宮真智子氏は、特に「方略」に関する「メタ認知的知識」として、①宣言的知識（どのような方略かについての知識）②手続き的知識（いかに使うかについての知識）③条件的知識（その方略をいつ、なぜ使うかについての知識）からなることを述べている[ix]。とりわけ方略をワンパターンに適用するのではなく、それぞれの状況に合わせて柔軟に適用する熟達者になるためには条件的知識は重要であるとされる。読むことの領域で言えば、それは、読み手が新しいテキストを目の前にしたときに、前に学んだ宣言的知識や手続き的知識を想起して、それを現在の状況に合うように適切に活用しながら、新たな宣言的知識や手続き的知識を形成していくうえで欠かすことのできない知識である。

「宣言的知識」とは、概念的知識のことである。例えば、説明的文章は「はじめ」「なか」「おわり」という構造からなっているという知識は宣言的レベルのものである。これに対して、「手続き的知識」は、「『はじめ』はこれから筆者がこの説明文で何について説明しようかという課題を提示している文なので、その課題を読むと、筆者が何について説明しようとしているかがわかるぞ。それがわかれば、この課題について『なか』では事例が選ばれ、事例の論理展開が、『おわりに』で筆者がもっとも言いたいことを読み手に伝えるための工夫がされているぞ。」というような読み取り方に関する知識である。

さらに、「条件的知識」とは、「今から新しい説明的文章を読み取っていくけれども、この説明文はこれまで読んだ説明文よりも複雑だなあ、どうやって読めばよいかなあ、そうだ、三年生のときに学んだ『すがたをかえる大豆』では、説明文は『はじめ』『なか』『おわり』の大きな構造でつかむと読み取りやすいと学んだのでその知識を使って、『はじめ』の部分、『なか』『おわり』の部分を捉えよう。これは捉えられそうだ。それから、『すがたをかえる大豆』では、『おわりに』の筆者が一番読み手に伝えたいことを伝えるために、『なか』に事例が九つあったぞ。この説明文では、いくつの事例があるのだろう。しかも、『すがたをかえる大豆』では、『おわりに』を読み手にわかるように伝えるために、事例の順序に工夫があったぞ。この説明文の論理展開はどのように工夫されているだろうか。あれ、順序というよりも『どうぶつの赤ちゃん』で勉強した比較の論理を使っているようだ。でも『どうぶつの赤ちゃん』とは違って、大きな比較の中に小さな比較がされているぞ、なぜだろう。」というように、これまで学んできた「宣言的知識」や「手続き的知識」が働いて、新たな情報との間で対話が引き起こされるのが特徴である。

深い対話はこの「条件的知識」が働いている状態と言うことができる。こうして条件的知識が働き、新たな知識や技能が再構成、つまり、獲得されていくのである。

メタ認知と言えば、学習指導においては「振り返り」(認知的モニタリング)ばかりが注目されてきた感がある。それは、ブラウンが早くからメタ認知の調整機能に注目し、それを教育に導入したことからである。しかし、メタ認知という概念を最初に用いたフレイベルは、認知的モニタリングは、四つの要素(メタ認知的知識、メタ認知的経験、認知的目標、認知的行為)の作用およびそれらの相互作用によって起こると考えていたx。このフレイベルの考えから学ばされるのは、「振り返り」を学習者たちが自ら行うためには、メタ認知的経験が重要であるということである。河野(二〇〇六)では、メタ認知の力を育てるためには、メタ認知的経験が重要であり、他者との関わりを通したメタ認知的経験を通して、学習者の既有の経験・知識が揺さぶられ、メタ認知的知識が再構成されることを明らかにした。例えば「批評読みとその交流」では、学習者が他者との交流を通してメタ認知的経験を引き起こし、学習者の内なる葛藤が切実な自己内対話を引き起こし、既有の知識や技能の再構成が効果的に行われることになる。こうしたプロセスは条件的知識の育成にとって非常に重要である。

4 質の高い対話を誘う論理的思考力の育成

子どもたちが筆者と対話し、他者との対話を経て、深い学びとしての自己内対話を生成するためには、他者との対話をいかに豊かなものにするかが重要である。他者との対話は、二人の子どもが向き合えば生成するものかと言うと、そう単純なものではない。真の対話とは、他者の発言を受け入れ、しかし、流されることなく、ではどうすればよいかというふうに受け止め、受け止められる関係性の中で、新たな考えを生成していくものである。

左の親子の会話の様子を見てほしい。

お母さん　今日のおやつは何がいい？
子ども　アイスがいい！
お母さん　どうして？
子ども　だってアイスがいいんだもん。

これは会話ではあるけれども、対話にはなっていない。どうしてであろうか。

子どもが主張だけを言っているからである。主張だけ言い張っては対話にはならないのである。

もう一つ教室での話し合いの様子を見ていただきたい。「ごんぎつね」の読み取りの場面である。

先生　ごんは兵十のことをどう思っていたのでしょうか？　①
子ども　兵十と友達になりたかったんだと思います。②
先生　どこからわかりますか？　③
子ども　九五頁の三行目に「おれと同じ、ひとりぼっちの兵十か。」と書いてあります。④
先生　どうして「ひとりぼっち」と書いていると友達になりたいと思うのですか？　⑤
子ども　ひとりぼっちだと、さみしいので、友達が欲しいと思うからです。⑥

子どもたち同士の交流のある「対話のある授業」をしたいけれども、なかなかそれができないという悩みを抱えている先生方は多い。「どこに課題があるのでしょうか。授業を見てください。」と言われ、授業に参与させていただくことがある。

そうすると、意外にも、右に示した話し合いの様子の①②段階で終わってしまっている授業が多いことに気づかされる。主張だけ述べ合っても、子どもたちが相互に作用し合い、子どもたちに対話を起こすことにはならないのである。

主張だけ言い合う授業では、読み取りの得意な子どもが、得意げに発言をして終わってしまう。だから、何人かの子どもの発言で終わってしまうのである。こうした授業では、優れた友達の発言に押しつぶされそうな思いになっている子どももたくさんいる。読み取りの苦手な子どもにとって、いったいどうしたらそのような読み取りができるのだろうかと、学び方もわからないままに授業が進んでいることが多いのである。

こうした場合、③のように、子どもたちの考えが生まれた根拠となる表現をあげていくことが大切である。この根拠となる表現を黒板に明記していったとき、どの子どもも初めて、「ああ、この言葉から考えたらよいのか」と考えが生み出された根拠が共有されていく。

国語の授業は根拠である言葉から出発しなければならない。しかし、意外にもこうした根拠となる表現が大切に共有されている授業が少なくなってしまっていることに気づかされる。

ただし、論理的思考力に必要なのは、この根拠だけではない。他者に納得してもらうためには、「理由」が必要なのである。そして、この根拠や理由の違いが、他者との交流を対話的なものにしてくれる。

「おれと同じ、ひとりぼっちの兵十か。」と根拠となる表現が黒板に明記され、どの子どもも考える手がかりを得たとき、このクラスはよく考え合っているなあというクラスの話し合いの様子に耳を傾けてみると、「どうして『ひとりぼっち』と書いていると友達になりたいと思うのですか?」と理由を問いかけている。すると、子どもたちは、⑥のように答えていくのである。

このとき、深い学びとしての対話にしていくためには是非、

T　みなさんにもひとりぼっちになった経験がありますか?

と子どもたちの既有の経験を引き出してほしい。私が行った授業の中では、次のように子どもたちから経験が引き出されていった。

C　あります。学校から家に帰ると、「ただいま。」と大きな声で言います。いつもならお母さんが、「おかえりなさい。」と大きな声で言ってくれるのですが、お母さんが入院していないので、その声がありませんでした。そのときは、ひとりではなくて、ひとりぼっちというくらいさみしかったです。

C　ぼくもあります。運動会で一生懸命頑張ったのに、「おまえのせいで負けたんだぞ。」と言われました。みんなから離れて一人で花壇に腰掛けました。そこから見上げた空は真っ青で、ひとりではなく、ひとりぼっちの色で、さみしいだけではなくて、悲しい色でした。

子どもたちの経験に裏打ちされた発言は、さざ波のように子どもたちの既有経験を揺さぶっていく。こうした既有経験が揺さぶられて、初めて学びは子どもたちの実感を伴ったものとなる。こうした対話はまさに子どもたちの既有知識や経験を揺さぶり合い、深い学びを実現する。

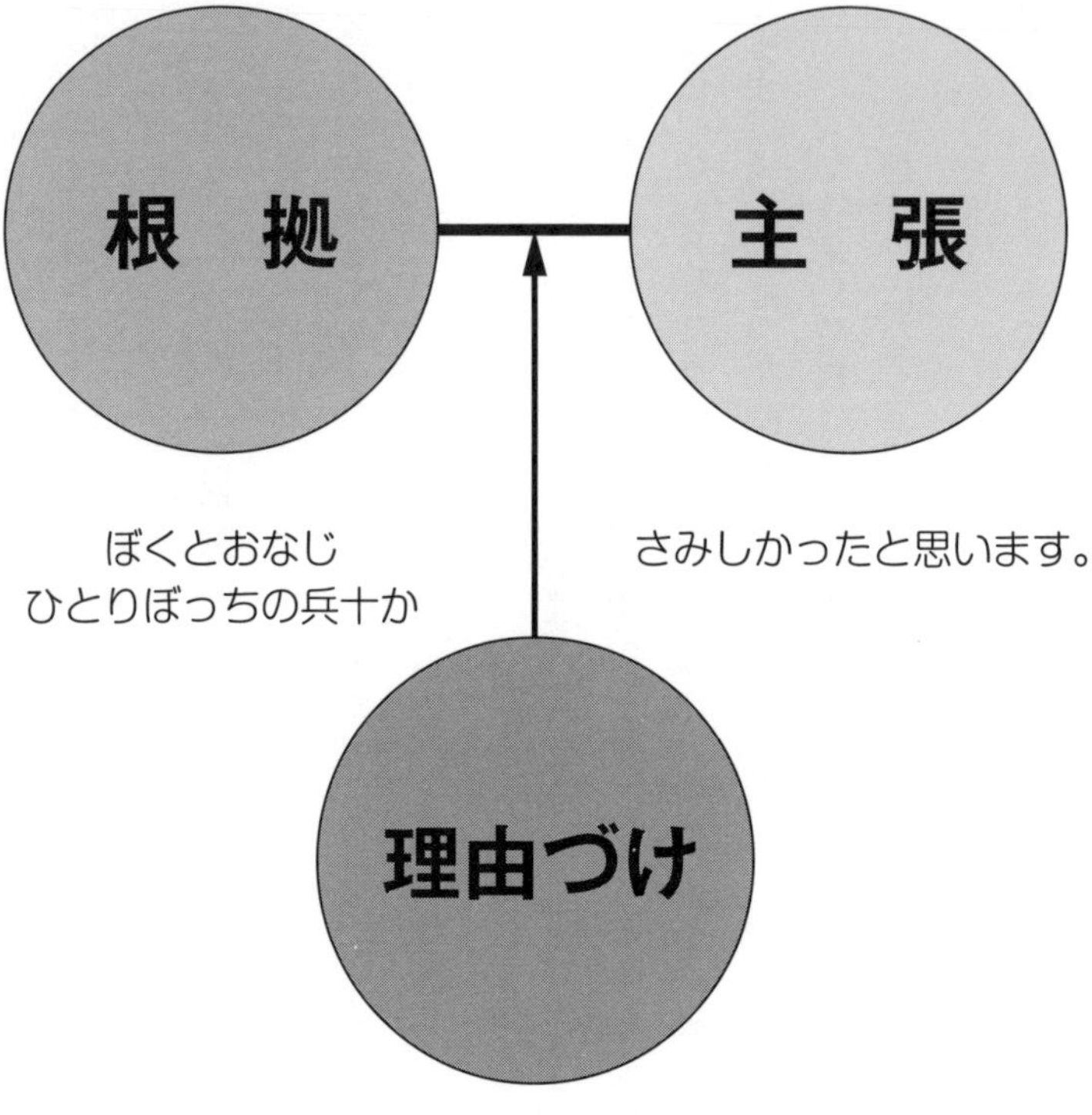

学校から家に帰ると，「ただいま。」と大きな声で言います。いつもならお母さんが，「おかえりなさい。」と大きな声で言ってくれるのですが，お母さんが入院していないので，その声がありませんでした。そのときは，ひとりではなくて，ひとりぼっちというくらいさみしかったです。

以上のように、子どもたちの深い学びを誘う他者との対話には、根拠をもとに理由を言い合いながら、自分の考えを深め合っていくことができるような論理的思考力を基盤にした論理的コミュニケーション能力の育成が重要である。

熊本大学教育学部附属小学校では、二〇一一年度から三年間、文部科学省指定研究開発校として、論理科の授業開発に取り組んだ。その際、トゥルミン・モデルを手がかりに研究を進め、その後、内田伸子氏、鶴田清司氏にも指導に入っていただき「根拠・理由づけ・主張」の三点セットを全教科で取り入れて授業改革を進めた[xi]。

熊本市のアクティブ・ラーニング拠点校である熊本市立壺川小学校では、この三点セットを活用することによって、国語が得意ではない先生方も、根拠としてどの表現にこそ着目すべきだという教材研究のあり方が見え始め、子どもたちの対話を促進するためには、根拠と理由づけを区別して理由づけの質を高めていくことが大切であることを自覚されるようになった。そして、理由づけの質を高めるために、板書で根拠を明示することはもちろん、複数の根拠を関連づけたり、子どもたちの既有知識・経験とつなげる発問を工夫したりすることが試みられた。三点セットを型として覚え込ませるのではなくて、子どもたちが考えを深め合う対話のためのツールとして活用していくような授業をデザインしていったのである。その結果、昨年（二〇一五年）行われた研究発表会では、子どもたちが伸び伸びと根拠をもとに理由づけを行いながら交流する姿が参観者の皆さんに感動を持って受け入れられた。

また、中学校でも熊本県中学校国語教育研究会の取り組みとして、二〇一二年に開催の中学校国語教育研究会全国大会へ向けて、この三点セットを国語科の全領域に導入された。ここでも、鶴田氏に何度も来熊していただいた。大会当日、熊本市立の公立中学校で、「故郷」（魯迅）の授業を担当された長元尚子先生の授業は、中学三年生たちが優劣を越えて、自らの既有経験をもとに理由づけを語り合い、対話しながら、今に生きるものとして「故郷」を解釈していく生徒の主体的で対話的な学びであふれていた。こうした生徒たちの姿が参観した先生方に多くの感動をもたらした。

先生方の授業が動いていったのは、鶴田清司氏の「理由づけ」には、生活経験の引き出しが必要だという話に先生方自身が納得されていったからである。

長元先生のお話によると、三点セットを用いて、子どもたちの生活経験をもとに理由づけを出し合うようになってから、登校拒否気味であった生徒が生活経験をもとに伸びやかに理由を語り、そのことに成績はよいが概念的知識のみの理解にとどまっていた生徒が揺さぶられると共に、成績はもう一歩だけれども生活経験の豊かな生徒が発言を加えるようになったと言う。まさに、子どもたち相互の交流のある学びである対話が生まれ始めたのである。

現場の先生方の実践に学びながら、この三点セットは、教室の中で対話が生まれている授業に必ず埋め込まれた理論であることを実感した。トゥルミン・モデルに由来する理論ではあるが、それを越えて実践現場に根づいていっている理論として、三点セットのネーミングは意味があると考える。こうした実践と理論の統合の姿が望ましいのである。

第二章 準備編

主体的・対話的で深い学びを実現する「批評読みとその交流」

1 「批評読みとその交流」を取り入れた授業づくり

PISA調査以来、日本の高校生の論理的思考力・表現力に見られる課題、応用力のある知識・技能の育成の重要性が指摘されている。現行の学習指導要領においても、義務教育最終段階の「読むこと」の「内容」に「評価すること」という文言が出され、言語活動例として「批評すること」という文言が出されている。

こうした読みは国語教育の歴史をひもとくと、既に明治・大正時代、子どもの側からの学びを模索した若き教師の実践に見ることができる。そのような長く国語教育の実践に見られる方法論であったにもかかわらず、日本的文化の中で主流になることはなかった。それが現行の学習指導要領によって、評価読みが指導内容に位置づけられたことによって注目度が上がった。

しかし、一言で「評価読み」「批判読み」と言っても、その実践の内実は様々である。その内実には次のような違いがある。

1 何に向けてへの批判か

「批判読み」が単なる教材文に向けての批判に終始していくだけでは、実は、主体的・対話的な深い学びとはならない。大切なのは、子どもたちの既有の知識・技能・見方・考え方などを再構成するような学びでなければならないと私は考えている。

2 条件的知識の育成を可能にする読み

また、学習指導要領が求める学びの方向性が「何が書かれてあるか」だけではなく「いかに書かれてあるか」へ向けての「評価読み」を求めていることもあって、近年、論理展開へ向けての「批判読み」も多く見られるようになった。例えば、「アップとルーズで伝える」(四年生)の学びで、「八段落は必要か」というような「いかに書かれてあるか」に向けての「批判読み」である。こうした「批判読み」もアイデア的に行われているのでは、子どもの主体的・対話的な学びを生成することはできないと言わざるを得ない。

先述したように、河野(二〇〇六)は、説明的文章の学びにおいて、〈対話〉を核にした学び論を展開している。そこでは、目指すべき説明的文章の学習指導を、「学習者が自らの既有知識をもとに、他者(筆者、教材、教師、学習者)との意味的相互交渉の過程を通して、自らの既有知識を新たに再構成していく意味的〈対話〉を実現する学習指導」と規定した。これを「批評読みとその交流」と呼ぶ[xii]。

例えば、先述した「アップとルーズで伝える」で「批評読みとその交流」を行う場合、どこをこそ批評読みとその交流を行えばよいのかが重要なのである。

子どもたちは三年生までに、「すがたをかえる大豆」の構造、つまり、「はじめ」「なか」「おわり」という構造を学んできた。そうした子どもたちにとって、「アップとルーズで伝える」ではどのような構造が読み取れるだろうか。おそらく「はじめ」の③段落の問いに、事例1・事例2の「なか」にあたる部分で説明をして、そして、⑥段落でまとめているという構造までだろう。

しかし、「アップとルーズで伝える」では、「すがたをかえる大豆」の構造にはなかった⑦段落の事例と二つ目のまとめである⑧段落がある。そうなると、果たしてこの段落は必要なのだろうかと、子どもたちは条件的知識を用いることによって、課題を見いだすことができる。こうした問いは、子どもたちに新たな知識や技能を獲得させることのできる質の高い課題である。こうして、「批評読みとその交流」を行うことによって、子どもたちは、「はじめ」「なか」「おわり」の単純な構造ではない説明的文章もあるのだということを実感として捉え、こうした構造を読み取るための知識・技能が再構成され、メタ認知的知識として、こうした構造を読み取るための知識・技能が条件的知識として賦活、活用されることになる。

子どもたちが出会う説明的文章教材は、高学年になるにつれて、その論理展開が複雑になってくる。そのため子どもによっては内容を読み取ることが難しくなってしまう。しかし、このように条件的知識を用いた読み取りができるようになると、自ら質の高い課題を見いだすことができ、自らの既有知識をもとに筆者と対話し、友達と対話しながら、新たな知識・技能を再構成することができるようになるのである。

一方、授業を構想する教師のほうも、子どもたちがこれまでにどのような教材に出会ってきて、どのような条件的知識を持っているか（いないか）を把握することによって、子どもにとって深い学びを生成する対話を引き起こすことのできる授業をデザインすることができるようになると言える。

こうした授業こそが、深い学びを引き出す「対話」を生成するのである。こうして、「第七段落、第八段落は必要か」という「批評読みとその交流」が行われることになる。

そこで、本書では、河野順子（二〇〇六）を受けて、これから目指すべき批評読みを次のように概念規定した。

「批評読みとその交流」という方法論では、文章に顕在化している論理や文章構成・表現を手がかりに、筆者の世界の捉え方を問い、他者と批評し合うことによって、最終的には、学習者自らの既有の世界の捉え方や論理・構造の捉え方を問い直し、変容を迫ることを目指す。

説明的文章教材３年「すがたをかえる大豆（国分牧衛）」実践

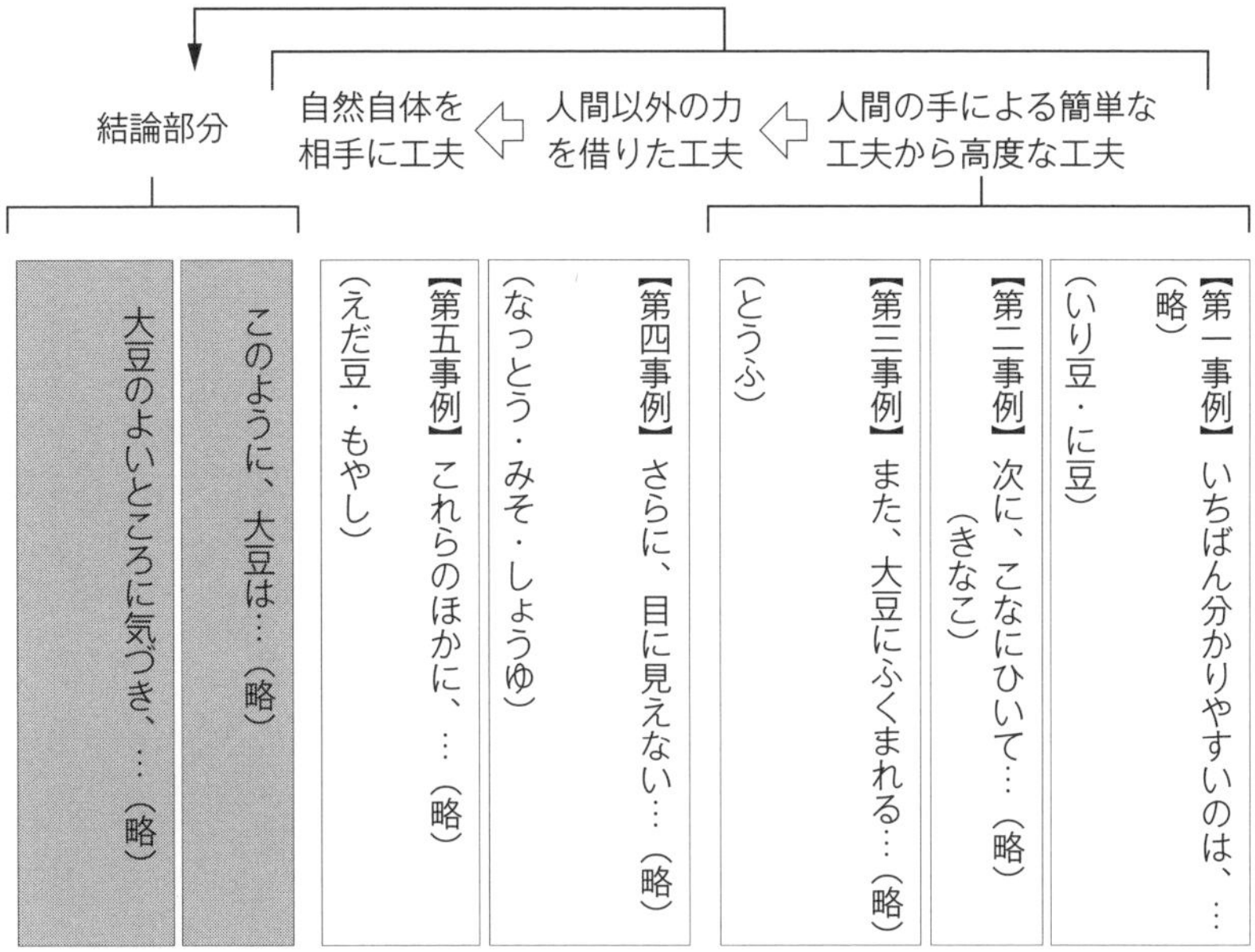

アップとルーズで伝える　中谷　日出

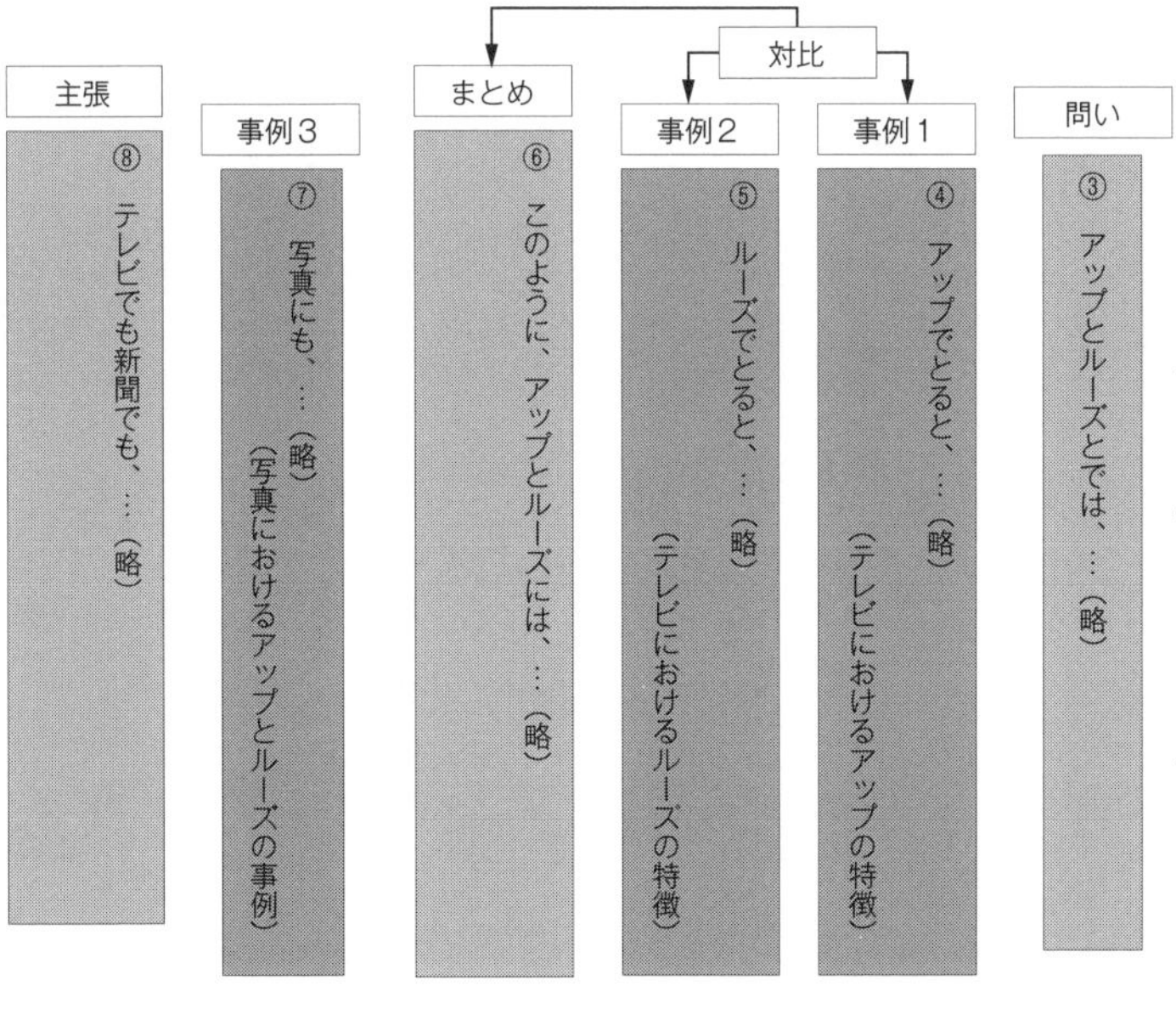

ここにおいて、他者との対話が重要となるのである。筆者の認識と学習者の認識との間に葛藤を引き起こすと言っても、まだまだ読みの熟達者ではない学習者にとって、文章に潜在化されている筆者の世界の捉え方に迫ることはそう簡単なことではない。自分とは異なる考えや見方を有している他者という存在があり、その他者から発せられる異質な見方、考え方があってこそ、自らの見方、考え方が明確になり、他者との違いを通して葛藤も生み出され、深い学びを形成する「対話」が起こると考えるのである。

先行実践を見ると、論理展開に向けての「批判読み」の提案も行われているが、なぜ、そこに向けての批判読みを行うのかという理論的背景がないままに、思いつきによって、あるいは、児童・生徒の発達やこれまでの学習指導経験を顧みないで行われる実践も多く見られる。

そこで、本書では、メタ認知的知識としての条件的知識に関する理論を背景にしながら、目指すべき「批評読みとその交流」について提案したいと考えている。

2 思考が活性化するペア・グループ学習

先に述べてきたように、「筆者との対話」を生み出し、「他者との対話」であるペアやグループ学習を活性化させ、深い学びとしての「自己内対話」を引き出すのに役立つのが「根拠―理由づけ―主張」の三点セットによる論理的コミュニケーションである。

この三点セットを単なる型ではなく、コミュニケーションを深めるツールとして活用していくためには、

「根拠」と「理由づけ」を区別することが大切である[xiii]。そのツールを使い慣れるために、私が熊本大学教育学部附属小学校長のときに、当時の熊本大学教育学部の私のゼミ生たちと一緒につくった台本型手引きを紹介してみたい。私は、こうした論理的コミュニケーション能力育成のために、全校集会の場を通して、年間を通しての帯単元としてこうした取り組みを続けた。ここでは、その一つを紹介してみたい。

教材は「ライオン」(工藤直子)、課題は「空欄に入る言葉は何か」というものである。

実際には、プレゼンで四五～五〇頁の図と言葉を写し、台本を学生たちがロールプレイで演じてやってみた。読者の皆さんは、四六～五〇頁の台本とプレゼンテーションを重ねながら読んでいただきたい。

子どもたちが話し合いを始めるとき、多くの場合、四六頁の①のように主張のみ言って終わってしまいがちである。これでは、先述したように対話にはならない。そこで、一人の子どもが言えなかったならば、他の子どもが四六頁②のように理由を聞き合うそんなクラスづくりが大切である。三点セットは、最初は一人で使いきれなくてもよいのである。大切なのは、協同で対話しながら話し合い、深い学びにしていくことである。しかし、こうして、尋ねられたとしても、最初は四六頁③のように根拠である言葉を理由のようにして言って終わってしまう。ここを脱していくことが大切である。そこで、他の子どもが四六頁④のように投げかける関係性を教室に形成したい。最初は、この役割は教師が行うことも多いであろう。こうした関わりに子どもは四六頁⑤のように自分なりの理由づけを述べるようになってくる。

話し合いが進んでいくと、四六頁⑥のように「根拠」は同じでも、考えや理由が異なっていくのだということを子どもたちに知ってもらいたい。このことがどんどん自分らしい発見、自分らしい考えを言っていいのだ、自分らしい考えを出すことがみんなで考えを深め合うことになるのだということを子どもたちに気づかせていく。

子どもたちが理由づけに興味を持ち始めていくと、理由づけをいろいろなところから引き出そうしていく。その一つが四六～四七頁⑦のような自分の既有知識から理由づけを述べるという方法である。子どもたちから考えが生成されたとき、教師は、子どもたちを立ち止まらせていくことが大切である。そして、四七頁⑧のように友達の考えを評価し合う活動を入れていくと、子どもたち同士の学び合いが、応用力のある言葉の力を育てていくことになる。

さらに、質の高い理由づけは、四七～四八頁⑨のように根拠を関連づけるところから生み出される。そして、理由づけが子どもたちの既有経験から引き出されていったとき、それは、同時に他の子どもたちの既有経験を揺さぶり、子どもたちの中に自己内対話を活性化させていく。

四八頁⑪のような活動が「批評読みとその交流」になる。

「批評読みとその交流」を行う前に、ここでは、ここまで行ってきた話し合いのこつを振り返りながら、子どもたちに任せてみたい。

「何を言えば皆さんにわかってもらえますか。」という教師の問いかけから、子どもたちに、四八頁⑫のように話し合いでは、「理由」をしっかりと言い合うことが対話を引き出すことになるのだということを確認したい。そうすると、子どもたちは、四八～四九頁⑬のように、自分が考えた「仲良く」と作者が書いている「しみじみと」を比べて、「連れ立って」という根拠をもとに、「今日も女房と一緒に生きさせてもらって本当にありがとうという感謝の思いが伝わってくるからです。」と理由を述べている。この発言について、四九頁⑭は、「理由が違います」と自分の体験を踏まえて「『しみじみと』というのはおばあちゃんが昔話などをしてくれるとき、『しみじみと』昔はよかったよという思いを込めて言ってくれています。」と述べている。こうした対話を聞いて四九頁⑮では、同じ根拠に着眼しているけれども理由が異なるから考えが深まることを述べている。

是非子どもたちの話し合いにこのようにその発言の効果を考えさせる話し合いを入れることを勧めたい。こうした立ち止まりが、メタ認知力を高め、条件的知識の育成を促すのである。

さらに、四九頁⑯の発言では、「連れ立って」と「しみじみと」という根拠を関連づけて理由を深めている。こうした読み取りができてきたときに、四九頁⑰の発言のように、みんなでその発言に立ち止まって評価し合いたい。

そして、こうした話し合いで大切なのは、四九頁⑱のように、最後に、これまでの学習を振り返らせ、五〇頁⑲から㉒のように、子どもたちの言葉で話し合いのこつをまとめていくことである。こうした話し合いのこつは、クラスに掲示していくとよい。すると、どの子どもも自分たちの言葉でまとめられている学びから主体的、かつ対話的な話し合いをどのように進めればよいかが確認できる。

こうした活動が、子どもたちのメタ認知の力（条件的知識）も育てることになり、主体的な学びを実現する。この際、子どもたちが相互に表現し合い、学びを評価し合う活動が、子どもたちにとっては一番わかりやすく内化しやすく、応用力として転移していく力となっていくのである。

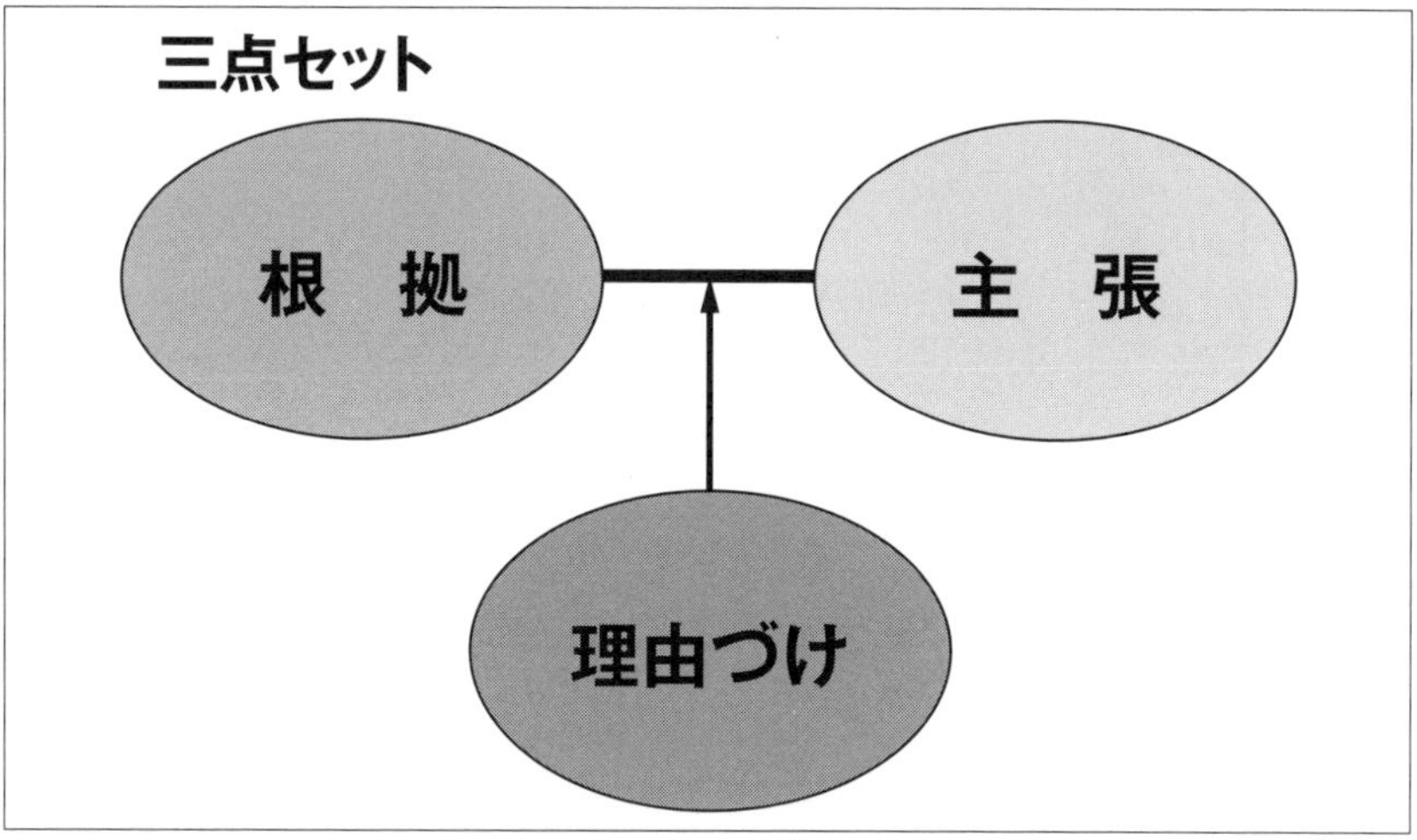

〈台本型手引き〉

A　ぼくは「むしゃむしゃ」だと思います。①
C　どうしてなの？　②
A　なぜかと言うと「ライオン」だからです。③
B　ええ、それじゃ、根拠を言っているだけで、理由になっていないよ。理由を言ってくれないと納得できないよ。④
A　ああ、そうだね。ライオンは強いからです。⑤
B　ああ、なるほどね。やっぱり理由を言ってくれたほうがわかりやすいね。
C　そうだね。
D　ぼくも同じ言葉に注目したけれど、Aさんとは違って、「がぶりと」縞馬をたべたにしました。⑥
C　（求めるまなざしで）
D　あっ、理由づけが大切だったね。なぜかと言うとライオンは肉食だし、百獣の王だからです。
B　ぼくは違う根拠に注目しました。
C　どの言葉？
B　ぼくは「連れ立って」という言葉があるでしょ。こ

ライオン

工藤《くどう》　直子《なおこ》

雲《くも》を見《み》ながらライオンが
女房《にょうぼう》にいった
そろそろ　めしにしようか
ライオンと女房《にょうぼう》は
連《つ》れ立《だ》ってでかけ
□
縞馬《しまうま》を喰《た》べた

くどうなおこ『くどうなおこ詩集○』童話屋より

の言葉からいくら百獣の王と言っても厳しいサバンナの中で生きていくことは大変で、ライオンだって一週間獲物を捕まえることができないということを本で読んだから「仲良く」縞馬をたべたにしたいと思います。⑦

A　あの強いライオンだって一週間獲物を捕まえることができないことがあるからっていう本で読んだことを理由にあげてくれたので、なるほど「連れ立って」という言葉から仲良く縞馬をたべたというのは説得力があったよね。⑧

C　そうだね。

C　私は、「連れ立ってでかけ」という根拠と「そろそろめしにしようか」という根拠を関連づけました。「そろそろめしにしようか」というのは雄ライオンが雌ライオンに声をかけたということでしょ。だって、「雲を見ながらライオンが女房にいった」と書いてあるから、私のお父さんとお母さんも仲良しで、お父さんが「そろそろめしようにしようか」と言うとおかあさんが「はいどうぞ」と仲良く食べているから「仲良

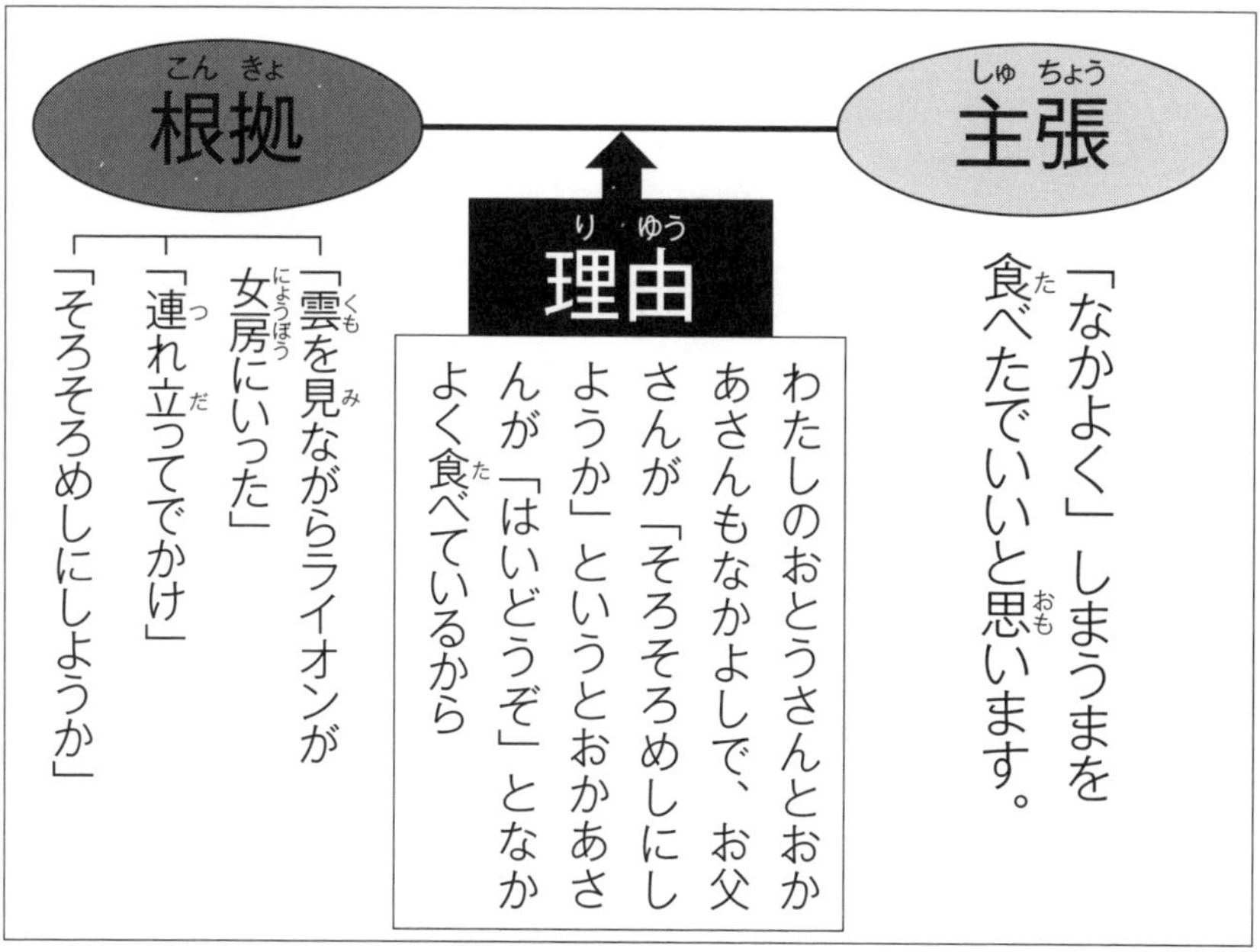

根拠《こんきょ》
主張《しゅちょう》
理由《りゆう》
「なかよく」しまうまを食《た》べたでいいと思《おも》います。
わたしのおとうさんとおかあさんもなかよしで、お父さんが「そろそろめしにしようか」というとおかあさんが「はいどうぞ」となかよく食《た》べているから
「雲《くも》を見《み》ながらライオンが女房《にょうぼう》にいった」
「連《つ》れ立《だ》ってでかけ」
「そろそろめしにしようか」

く」縞馬をたべたでいいと思います。⑨

A　わあ、〇〇さんのお父さんとお母さんは仲良しなんだね。〇〇さんの生活の中の体験から理由を言ってくれたからこれも説得力があるね。⑩

T　実はここには「しみじみと」が入ります。

C　ええ、考えもしなかった。

T　ではみなさんが自分で考えたことと作者が考えた「しみじみと」を比べて、どちらがよいか発表し合いましょう。⑪　そのときに、先ほどの話し合いでも学びましたね。みんなにわかってもらうために、大切なのは？

C　理由です。⑫

T　そうですね。

C　私は「仲良く」が入ると思いました。「しみじみと」のほうが味わい深いなあと思いました。なぜかと言うと、「連れ立って」という言葉が違う意味に感じられるようになったからです。「しみじみと」だと「連れ立って」という言葉に、今日も女房と一緒に生きさせてもらって本当にありがとうという感謝の思いが伝わ

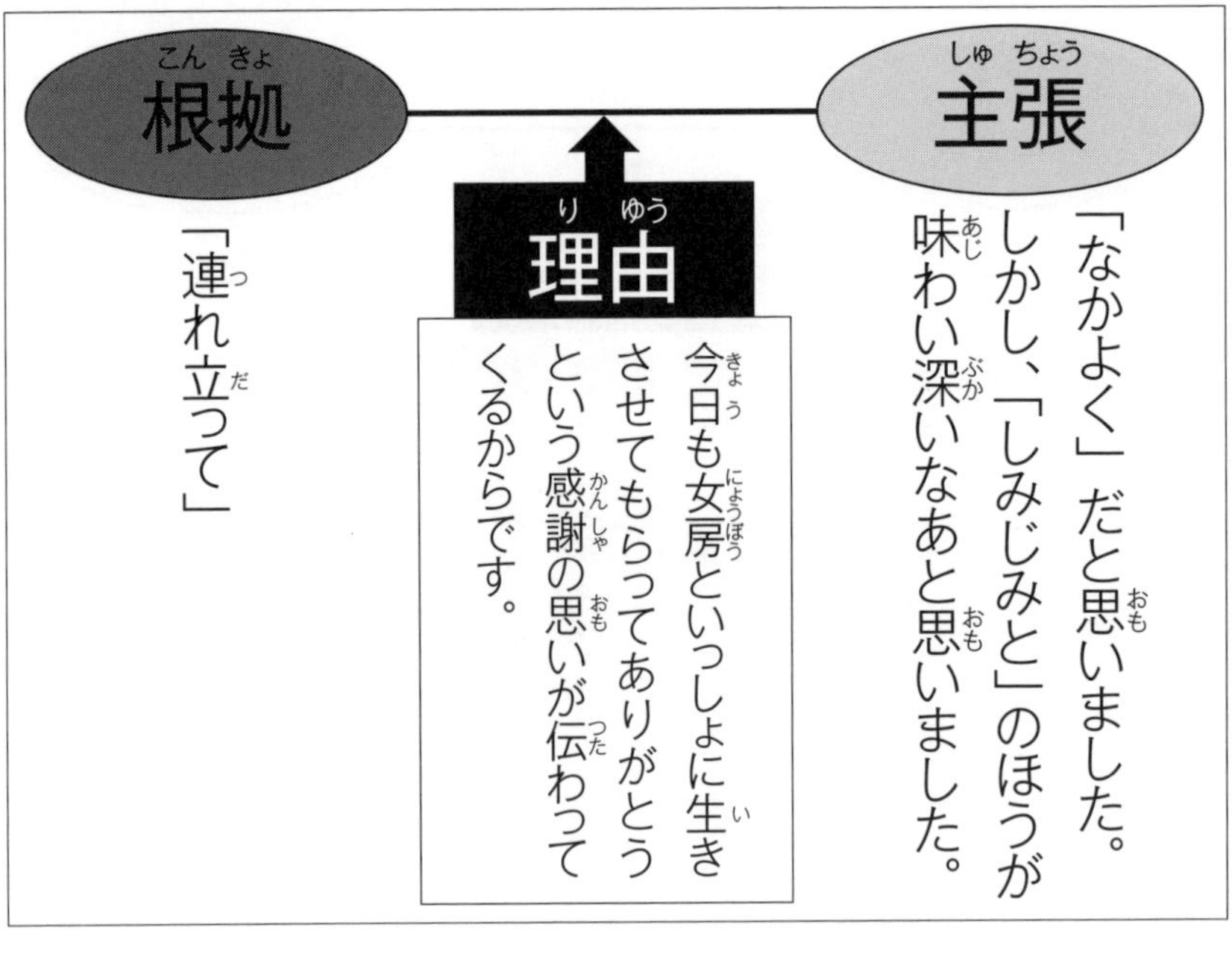

主張《しゅちょう》
「なかよく」だと思《おも》いました。しかし、「しみじみと」のほうが味《あじ》わい深《ぶか》いなあと思《おも》いました。
理由《りゆう》
今日《きょう》も女房《にょうぼう》といっしょに生《い》きさせてもらってありがとうという感謝《かんしゃ》の思《おも》いが伝《つた》わってくるからです。
根拠《こんきょ》
「連《つ》れ立《だ》って」

ってくるからです。⑬

B　理由が違います。「しみじみと」というのはおばあちゃんが昔話などをしてくれるとき、「しみじみと」昔はよかったよという思いを込めて言ってくれています。だから今日も生きることができてよかったと思っていると思います。⑭

D　ああ、BさんとCくんは同じく「しみじみとがいい」と思っているんだけども、理由が違うんだね。理由が違うので、考えが深まるね。⑮

A　私は「雲を見ながら」という言葉と「連れ立って」という言葉と「しみじみと」という言葉を重ねました。すると、何か生きているサバンナの自然に感謝という気持ちが伝わってきました。「仲良く」だったらこんなふうに自然に感謝という思いまで読み取れないので、「しみじみ」のほうがいいと思います。⑯

C　やっぱり根拠を関連づけると理由が深まるね。⑰

T　さあ、話し合いは深まりましたか。今日の話し合いを通してわかった、話し合いを深めるためのこつをまとめてみましょう。⑱

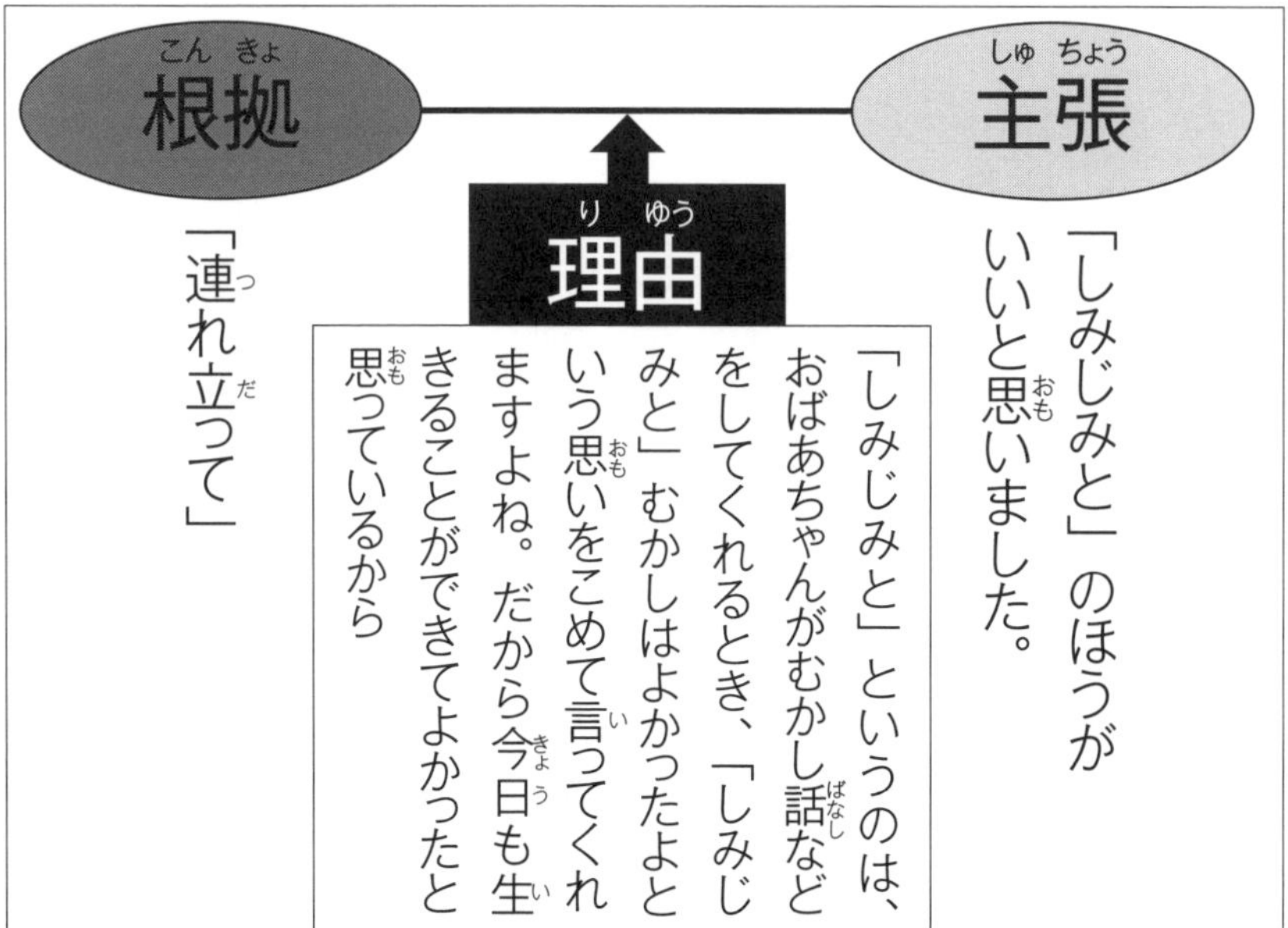

A　理由を言ってくれるとその人が言いたいことが深くわかります。⑲

B　理由には、自分が生活の中で体験したことを出すとわかりやすかったね。⑳

C　そして、自分が知っていることも入れるとよかったよね。㉑

D　それに理由が深まるためには、根拠の表現をつないでいくことが大切だね。㉒

グループの話し合いも高学年くらいになると、次のように他者との対話を通して、そこから新たな意味を創造していくような交流が重要となる。このときに、「根拠」「理由づけ」から主張を導くという論理的コミユニケーションは、新たな考えを創り出すツールとして有効である。

「平和のとりでを築く」（六年生）の一場面のグループでの交流の様子を紹介したい。

T　じゃあ、この⑥段落の保存反対派の人の考えと、⑦段落の少女の考えを比べてみて、どうして筆者は

話し合いをふかめるコツ

・理由《りゆう》を言ってくれるとその人が言いたいことがふかくわかる。
　・自分が生活《せいかつ》の中で体験《たいけん》したことを出す。
　・自分《じぶん》が知っていること（知識）も入れる。
・理由《りゆう》がふかまるには、根拠《こんきょ》のひょうげんをつないでみるといい。

少女の日記の事例を書いたのか、これについて考えてみよう。
C　保存反対派の人たちは、「原爆ドームを見ていると、原爆がもたらしたむごたらしい有様を思い出すので」ってところに注目したんですけど、自分の哀しさやむごたらしさを思い出すので、一刻も早く取り壊してほしいという考えだと思います。それに対して少女は、「後世にうったえかけてくれるだろう」という言葉から、後の世にこういう戦争が起こってはいけないということを伝えたかったので、原爆ドームを残してほしかったのだと思います。そこが反対派と少女の違いだと思います。
C2　僕も同じところに注目したんですけど、理由が少し違います。少女は「後世にうったえかけてくれるだろう」って書いてあるので、少女はもうすぐ死んでしまうのに、自分と同じように罪もないのに死んでいく人がいてはだめだって訴えたかったと思うので、原爆ドームを残すべきだって言ってると思います。
C3　僕はちょっと違うところから考えたんですけど、「この日記に後おしされて」と「市民も役所も『原爆ドーム永久保存』に立ち上がった」の「後おし」と「立ち上がった」という言葉に注目しました。「後おし」というのは、この少女の言葉に多くの人が動かされたっていうことだと思うんですよね。そして、「立ち上がった」というのもやっぱりこの少女の日記によって、このままではだめだと思ったと思うんですよね。だから市民運動になっていったんじゃないかなと思います。
C4　私はC2さんとC3さんの考えをまとめてみました。C3さんが言うように、「起こった」のではなく、「立ち上がった」というのは、このままではダメなんだという市民の思いが、この少女の日記の「後世にうったえかけてくれるだろう」という言葉によって気づかされたんだろうと思います。それに、C2さんが言ってくれた「後世にうったえかけてくれるだろう」という少女の言葉をつないでみると、命が絶えようとしている少女がそれでも残してほしいと願いを込めた思いが市民の人々の心に伝わったから、「戦争は人の心の中で生まれるものである。人の心の中に平和のとりでを築かなければならない」という筆者の主張につながったんだと思います。

同様に中学校「モアイは語る」での交流の一場面を紹介したい。

A　じゃあ、この筆者は主張を述べるためにどのような論理展開で述べているかに着目して筆者の主張に納得できるかを話し合おうよ。
B　私は納得できるよ。その理由は、地球とイースター島の状況が似ていると思ったからだよ。
C　どこからそう読み取ったの？　根拠を教えて。
B　まずイースター島で人口が一〇〇年に二倍の割合で増えてきてっていうのが④段落に書いてあるでしょ。
A　付け加えだけど、人間が増えていってしまったばっかりに、七世紀頃から森林の伐採が進んでいってしまったことが⑪段落にも書いてあるよね。
D　⑭段落には森が消滅したことで雨によって土壌が流されて食料が作れなくなったこと、それに木がなくなってしまって船を作ることもできなくなったことが書いてあるよ。
A　それに⑮段落では、残り少ない食料を奪い合うことになって争いも起こったことが書いてあるよね。
C　うーん。でもここからどうしてイースター島と地球の状況が似てるって言えるの？
B　だって、⑱段落には今度は地球の人口増加が五〇年に二倍の割合で増えたって書いてあるでしょ。
C　あー、なるほど！　地球の現在の人口増加の根拠が書いてあるんだ。でも、そこからイースター島とどうして似てると思ったの？

Ｄ　それはね、イースター島の人口増加については④段落に一〇〇年毎に二倍と書いてあるから、地球の人口増加がどれだけ異常かわかるんだよ。だから筆者の主張が納得できるんだよ。

Ａ　あー、筆者はイースター島の事例と地球の⑰⑱⑲段落の事例とを比べてたんだ。だから筆者が言いたい地球の深刻さがすごく伝わってきたんじゃないかな。

質の高い対話にするためには、こうした三点セットのような論理的コミュニケーション能力を育てていくことが大切である。三点セットは、思考力として、読み取りにも書くことにも活用されていくことのできるツールであり、教科を越えて活用できるものである。

先に紹介したようなロールプレイを行っていくと、三点セットを使ってどのように話し合えばよいかを子どもたちがわかってくる。この三点セットは一人で使いこなすというよりも、教室で対話を引き起こすために、全員で思考していくツールとして活用してくことが大切である。

3　深い学びにつながる「批評読みとその交流」を取り入れた授業づくりのポイント

ここでは、先述した三年生教材の「すがたをかえる大豆」を用いた授業提案について述べていくことにする。

三年生は、「具体」から「抽象」の狭間を生きる学年であり、充実した学びが求められるにもかかわらず、学力差が大きくなり、学びからの逃避が見られるときでもある。この時期に、説明的文章の学習指導では、教えるべき〈教科内容〉として、段落相互の関係を捉えることがあげられる。しかし、この段落相互の関係を捉える力の育成を苦手だと考えている先生は多い。また、多くは文章構成を伝授型で与える学びに終始してしまい、「何が書かれてあるか」という内容面重視の授業に終始し、「いかに書かれてあるか」という面からの「批評読みとその交流」は高度で難しい学習と考えている先生も多い。

しかし、「批評読みとその交流」はけっして高度な学びではない。子どもの側からの学びとして、はるか以前から若き先達が編み出してきた学びの方法である。実際、子どもの側からの学びを重視している先生からは、「『批評読みと交流』こそが子どもたちにとって優劣を越えた学びを創り出してくれる」と、その可能性を見いだしてくれている声をたくさん聞く。

ここでは、三年生以上の「批評読みとその交流」を行う際に、どのように学習者の既有知識や既有経験を引き出し、子どもたちが主体的に学習に取り組み、深い学びとしての「対話」を導き、それが、習得から活用力をも育成することのできる授業づくりとなるのかについて述べてみたい。

「すがたをかえる大豆」（国分牧衛）は、説明的文章教材として、「はじめ」「なか」「おわり」という基本構造を備え、「なか」で説明されている事例が、「おわり」の筆者の結論部分を説明するうえで、よく考えられた事例の順序性を備えている教材である。したがって、三年生以降の説明的文章の「批評読みとその交流」を行っていくうえでの基盤教材として位置づけたい。

そこで、三年生教材「すがたをかえる大豆」では「いかに書かれてあるか」という「批評読みとその交流」を行っていくために、次のようなことを学ばせていきたい。先述してきたことを整理しながら、学びづくりのポイントを明記しておこう。

① なぜ筆者は説明文を書くのかについて話し合う。

こうした問いによって、説明的文章の顕在化している表現や論理展開には、筆者の見方・考え方が潜んでいるのだという意識を子どもたちに持たせ、読み手である筆者と子どもたちとの対話の基盤づくりを行う。こうした問いに、三年生の子どもたちは、既に、筆者は私たち読み手に伝えたいことがあるからというような筆者意識を持っている。こうした意識を、さらに、説明的文章の構造意識へと高めていきたい。そこで、次のような学びを行っていきたい。

② 筆者が伝えたいことを読み手に伝えるために、どのように「はじめ―なか―おわり」に書いてあるか、子どもと共に考え合う。

まず、教師は次のように問いかけてみたい。

T 筆者は、私たちに伝えたいことがあるから、説明的文章を書いて、わざわざ私たちに伝えたいことを伝えようとするんだね。では、この伝えたいことを伝えるために、筆者が一番読み手に伝えたいことはどこに書かれてありますか。

この問いには、「最後の段落です。」という声が返ってくる。こうした言葉を受けて、次のように対話を進めていきたい。

T そうですね。では、この最後に言いたいことを言うために、「はじめ」ではどんなことを書いているのかな。

C これから説明することを簡単に述べています。

T 「はじめ」のところでは、これから何について説明するのか、みんなに問いを出して考えてもらおうとしている説明的文章が多いです。

このようにできるだけ子どもの側から発言を引き出していきたい。このときに、子どもたちの既習教材を使うことが、子どもが主体的に学び、対話を引き出すうえで大切である。

T　では、二年生のときに勉強した「おにごっこ」の説明的文章を思い出してみましょう。筆者が一番言いたいことは？　何段落のどういうことでしたか。

C　⑥段落の「このように、おにごっこには、さまざまなあそび方があります。おにになった人も、にげる人も、みんなが楽しめるように、くふうされてきたのです。」ということです。

T　このことを言うために、「はじめに」のところで？

C　「はじめに」が「おにごっこ」では、①段落になりますが、ここで、「どんなあそびがあるのでしょう。なぜ、そのようなあそび方をするのでしょう。」という二つの問いが出されています。

C　ですから、「なか」の部分の③④段落では、この二つの問いに答えて説明がなされています。

C　⑤段落だけは、③④段落とは書き方が違います。

C　この⑤段落は、④段落で説明しているおにごっこをもっと楽しくするための工夫が説明されています。

C　この⑤段落があるから、筆者が⑥段落で言っている「おにになった人も、にげる人も、みんなが楽しめるように、くふうされてきたのです。」に納得できます。

T　だから、「なか」の部分は、「おわり」で筆者が言いたいことをみんなに伝えるために事例が選ばれていて、その事例の論理展開が工夫されているのですね。

以上のように、「はじめ」「なか」「おわり」を型としての「宣言的知識」としてではなく、方略としての「手続き的知識」として子どもたちに理解させることが大切である。こうすることが、「条件的知識」として活用していくことのできる知識・技能となる。

③「おわり」の結論部分と「なか」の事例の関係性を捉えさせる。

この活動が、中学年の〈教科内容〉である「段落相互の関係」を捉えるうえで重要となる。そして、「批評読みとその交流」においても、「いかに書かれてあるか」を評価する読みを形成するうえで重要となる。

ここで、「おわり」の結論部分と「なか」の事例の関係性についての知識や技能が育っていない子どもたちには、筆者の発想（見方・考え方・述べ方）と対話するための先行情報となるものと出会わせるようなワークシートを作成し、活動を入れるとよい（一八頁参照）。

こうした活動で大切なのは、「自分だったら」と子どもたちに呼びかけてあげることである。このことによって、子どもたちそれぞれが持っている既有知識や既有経験が引き出されていくことになる。既有知識や既有経験が引き出されることは、子どもの側から子どもらしい言葉が引き出されることになる。しかも、ここで用いたワークシートは、〈教科内容〉に出会わせるための先行情報として活用している。だからこそ、先述したように、「とうふは三番目の事例ではなくて、四番目の事例にすべきだ」というような子どもらしい問いであり、かつ質の高い課題が子どものほうから出されることになる。

こうした活動を通して、子どもたちは、「なか」には、筆者が「おわり」の結論部分で一番言いたいことを読み手にわかってもらえるために、事例を選び取り、その論理展開に工夫を行っているのだという「手続き的知識」を獲得することになる。

こうして、三年生の段階で、「はじめ」「なか」「おわり」の構造がなぜ必要なのか、「おわり」と「なか」の関係をはじめ、「はじめ」「なか」「おわり」の相互の関係に気づくことができれば、四年生以降、こうした

「手続き的知識」を「条件的知識」と共に自由自在に活用していくことができるようになる。
では、「条件的知識」を育成していくためには、どのような「批評読みとその交流」の工夫が必要なのであろうか。

④　既習学習で子どもたちが学んだ知識・技能とは異なる新たなる論理展開に出会わせる「批評読みとその交流」にすることが、子どもたちの中に「条件的知識」を育成する学びとなり、深い対話による学びの結果、子どもたちの既有の知識・技能が再構成する学びとなる。

例えば、本書の実践編にあげた田邊友弥先生の実践「アップとルーズで伝える」で、田邊先生は、批評読みを「第七段落、第八段落は必要か」という形で学びをデザインしている。なぜこの課題を設定したのかというと、子どもたちは三年生までに、先述してきたような「すがたをかえる大豆」の構造、つまり、「はじめ」「なか」「おわり」の構造を学んできている。こうした子どもたちにとって「手続き的知識」を用いて読み取れるのは、「アップとルーズで伝える」のどのような構造であろうか（文章構成図については、四一頁参照のこと）。それは、おそらく、③段落の問いに、事例1・事例2の「なか」にあたる部分で説明をして、そして、⑥段落でまとめている構造までであろう。これだと「すがたをかえる大豆」で学んできた「手続き的知識」を用いて読み取れる。しかし、「アップとルーズで伝える」では、「すがたをかえる大豆」の構造にはなかった⑦段落の事例と二つ目のまとめである⑧段落がある。「果たしてこの段落は必要なのだろうか」と子どもたちは、「条件的知識」を用いることによって、課題を見いだすことができるのである。こうした問いは、子どもたちに新たな知識や技能を獲得させることのできる質の高い課題である。

こうした学びこそが、深い学びを引き出す「対話」を生成するのである。こうして、「第七段落、第八段落は必要か」という「批評読みとその交流」を行うことによって、子どもたちは、「はじめ」「なか」「おわり」の単純な構造ではない説明的文章もあるのだということを実感として捉え、こうした構造を読み取るための知識・技能が再構成され、こうした構造を読み取るための知識・技能を「条件的知識」として用いることになる。

子どもたちが出会う説明的文章教材は、高学年になるにつれて、その論理展開が複雑になってくる。しかし、このように「条件的知識」を用いた読み取りができるようになると、自ら質の高い課題を見いだすことができ、自らの既有知識をもとに筆者と対話し、友達と対話しながら、新たな知識・技能を再構成することができるようになるのである。一方、授業を構想する教師のほうも、子どもたちがどのような教材にこれまで出会ってきて、どのような「条件的知識」を持っているかを把握することによって、子どもにとって深い学びを生成する対話を引き起こすことのできる授業を構想することができるようになると言える。

例えば、五年生教材に、「ゆるやかにつながるインターネット」という教材がある。次のような論理展開を持つ教材である。

さて、本教材を読むとき、子どもたちはどのように「条件的知識」を活用、育成していくのであろうか。長文であっても、説明的文章の基盤構造である「はじめ」「なか」「おわり」に分けて本文を読んでみると、筆者の主張や論理展開が把握しやすくなる。ということは、「すがたをかえる大豆」で学んだ知識・技能が活用されることになる。すると、本教材は、①②段落が「はじめに」にあたる「話題提示文」であり、ここで筆者は、「インターネットを通じて人と人とがつながるとは、どのようなことなのか、考えてみましょう。」という問いを解明するために、「なか」にあたる④から⑨段落で説明を行い、その結果、筆者が言いたいことを、「おわり」にあたる⑩段落で、「インターネットがもたらした、新たなゆるやかなつながりが、どんな可能性を、わたしたちに、そして社会にもたらしてくれるかは、わたしたちがそれをどう使い、人とのつながりをどのよ

ゆるやかにつながるインターネット

池田謙一

話題提示

①インターネットを使うと、…（略）

②インターネットを通じて…（略）

③人と人とのつながり方は、…（略）（「強いつながり」と「ゆるやかなつながり」）

「ゆるやかなつながり」の良さ

④わたしは、インターネットが、…（略）

⑤【第一事例】（インターネットで質問する事例）
だれかからちえやアドバイスをもらったり、…（略）

⑥【第二事例】（子育ての事例）
どこかに同じなやみをかかえる…（略）

⑦こうして、きょりや世代をこえて…（略）

対比

「ゆるやかなつながり」のあやうさ

⑧しかし、インターネットによるつながりには、…（略）
【第三事例】（コミュニケーションの難しさの事例）
分からなかったら確かめる、…（略）

⑨【第四事例】（無責任になってしまう事例）
受け取った情報が…（略）
。

結論

⑩インターネットがもたらした、…（略）

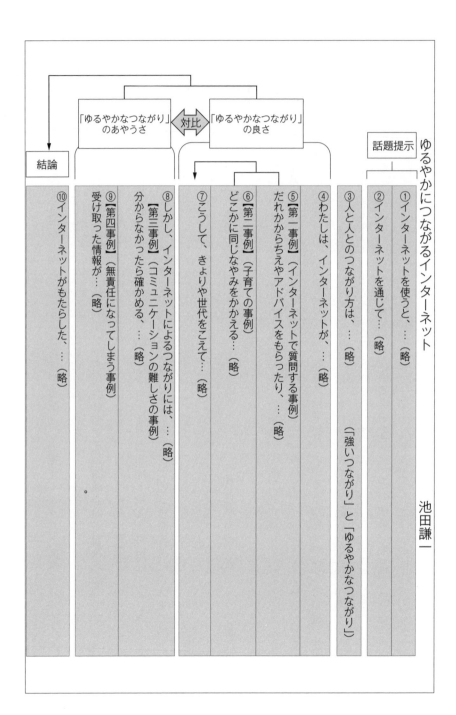

うに大切にしていくかにかかっているのです。」と述べていることがわかる。

このように、文章全体の構造を「すがたをかえる大豆」で学んだ構造をもとに、読みの方略に関する「手続き的知識」を生かして読み取った子どもたちは、では、結論部分の⑩段落の主張へ向けて、どのように、「なか」では段落相互の関係が論理展開として述べられているかを読み取ることになるだろう。

そして、「なか」を読み取っていくと、④⑤⑥⑦段落は「ゆるやかなつながり」のよさについて述べているが、⑧⑨段落は、「ゆるやかなつながりのあやうさ」について述べていることに気づく。ここで「条件的知識」が働くと、「ああ、『どうぶつの赤ちゃん』や『アップとルーズで伝える』で学んだ対比の論理を使えば読み取れるな」と主体的に考えることができる。しかし、もう少し詳細に論理展開を読み取っていくと、④から⑦段落は、④段落で、「インターネットが、この『ゆるやかなつながり』を、さらに広げたり深めたりする機会をもたらしてくれるという点に着目しています。」と説明の視点を述べたあとに、筆者は事例一、事例二と「すがたをかえる大豆」のように事例の順序性に気をつけながら述べ、まとめの⑦段落の「こうして、きょりや世代をこえて未知の人とちえを出し合ったり助け合ったりしてゆるやかなつながりを築いていけることは、すばらしいことです。」とつないで述べていることを読み取っていく。ところが、⑧⑨段落は、④⑤⑥のような読みの視点の段落を設けることもなく、第三事例、第四事例と「ゆるやかなつながりのあやうさ」の事例を並べ、まとめのないままに、⑩段落へと論をまとめていることに気づく。

ここで、子どもたちは④から⑦段落までと⑧⑨段落が比較されているのに、「アップとルーズで伝える」で学んだ知識・技能を用いながら、なぜ「アップとルーズ」のような同様な論理構造を比較するのではなく、異なる論理構造を比較して、しかも、結論部分では「⑧⑨段落でインターネットのゆるやかなつながりのあやうさをせっかく述べているにもかかわらず、⑧⑨段落がなくてもよいようなまとめ方にしているのか」という疑問が出てくるだろう。そこで、本教材での「批評読みとその交流」では、「⑩段落の筆者の主張に納得できるか?」という課題や、なぜ、⑧⑨段落の「ゆるやかなつながりのあやうさ」を述べた段落にはまとめがなく、いきなり⑩段落のまとめになっているのだろうかというような課題が生成されるであろう。

こうした学びを通して、説明的文章の読みの方略に関する「条件的知識」が育成されていくのである。文章はいつも同じような論理構造とは限らない、それぞれの特徴に応じた読み方をする必要があるんだな、というメタ認知的経験が起きるからである。

以上、子どもの読みを仮定して述べてきたことは、読みの熟達者になるために必要な、読みの方略に関する「条件的知識」がどのように育成されるのかということである。対話を中核とした深い学びが不可欠である。しかし、子どもたちが順調に「条件的知識」を育てていくとは限らない。その場合には、実践編の尾崎尚弘先生と私の共同研究による授業デザインのような工夫が必要である（本書、一三一～一四二頁）。

これから目指すべき「批評読みとその交流」は、以上述べてきたような、子どもたちが学んできた既習教材で身につけてきた知識・技能を教師が捉え、子どもの側から質の高い課題が生成されていき、深い読みとしての対話が生成し、子どもたちの既有の知識や技能が再構成されるような学びである。

【注】

ⅰ本書では、認知心理学の「読解は、読み手が文章を読み、既有知識を使って文章についての解釈を構成する活動である」という知見に従い、既有知識の再構成に着目する。

ⅱ筆者の発想については、河野順子（一九九六）『対話による説明的文章セット教材の学習指導』（明治図書）を参照のこと。

ⅲ新しい解釈学や受容理論の流れに貢献した著作として、W・イーザー／轡田収訳（一九八二）『行為としての読書』（岩波書店）をあげることができる。R・ビーチ／山元隆春訳（一九九八）『教師のための読者反応理論入門』（溪水社）は、そうした潮流を教育界に取り入れるための入門書である。鶴田清司（二〇一〇）『〈解釈〉と〈分析〉の統合をめざす文学教育—新しい解釈学理論を手がかりに—』（学文社）は、H・G・ガダマーらの解釈学を文学の授業理論の構築に生かす試みである。

iv 詳細は、鶴田清司（二〇一〇）、鶴田清司・河野順子（二〇一四）『論理的思考力・表現力を育てる言語活動のデザイン　小学校編』（明治図書）四〜七頁参照のこと。

v この点については、河野順子（二〇〇六）『〈対話〉による説明的文章の学習指導—メタ認知の内面化の理論提案を中心に—』（風間書房）を参照のこと。

vi 本実践の詳細は、鶴田清司・河野順子編（二〇一二）『国語科における対話型学びの授業をつくる』（明治図書）二三〜三五頁を参照のこと。

vii 河野順子（一九九六）『対話による説明的文章セット教材の学習指導』（明治図書）において、教材が伝える内容が、学習者の持っている知識と非常にかけ離れていて関係づけしようがない場合、関連しそうな知識はわかっても、どのように関係づけたらよいかわからない場合には、その教材を受け入れやすくするような別な情報を前もって与えて、知識の中に「足がかり」を作る必要があるという「先行オーガナイザー」の考えを説明的文章の学習指導に導入することの必要性を論じている。この足がかりとして、説明的文章の学習指導の場合には、筆者の発想に迫れるような枠組みの必要性を論じている。詳細は、同書一八〜二四頁参照のこと。

viii 本実践の詳細は、河野順子・熊本大学教育学部附属小学校編（二〇一三）『言語活動を支える論理的思考力・表現力の育成—各教科の言語活動に「根拠」「理由づけ」「主張」の三点セットを用いた学習指導の提案—』（渓水社）六一〜七四頁参照のこと。

ix 国語教育において条件的知識について言及、研究されている論考はまだ少ない。以下の論考を参考にされたい。鶴田清司（二〇一〇）『対話・批評・活用の力を育てる国語の授業—PISA型読解力を超えて—』（明治図書）、古賀洋一・河野順子（二〇一三）「説明的文章の読みの方略における条件的知識に関する一考察」第一二三回全国大学国語教育学会発表資料、古賀洋一（二〇一三）「複数教材を用いて複雑な論証過程を読み取る説明的文章の学習指導」、河野順子・熊本大学教育学部附属小学校編『言語活動を支える論理的思考力・表現力の育成—各教科の言語活動に「根拠」「理由づけ」「主張」の三点セットを用いた学習指導の提案—』（渓水社、一二三〜一四一頁）、古賀洋一（二〇一四）「説明的文章の読みの方略における条件的知識の学習—中学生への実験授業を通して—」全国大学国語教育学会編『国語科教育』第七五集。

x このあたりの詳細については、河野順子（二〇〇六）『〈対話〉による説明的文章の学習指導—メタ認知の内面化の理論提案を中心に—』（風間書房）を参照のこと。

xi 二〇一六年八月北海道大学で開催された日本教育学会において松下佳代氏は、教科横断型論理的思考力としてトウルミン・モデルの可能性について述べ、「根拠」「理由づけ」「主張」の三点に言及された。この「根拠」「理由づけ」「主張」の三点を用いた理論と実践については河野順子・熊本大学教育学部附属小学校（二〇一三）『言語活動を支える論理的思考力・表現力の育成―各教科の言語活動に「根拠」「理由づけ」「主張」の三点セットを用いた学習指導の提案―』（溪水社）、鶴田清司・河野順子（二〇一四）『論理的思考力・表現力を育てる言語活動のデザイン　小学校編』（明治図書）、鶴田清司・河野順子（二〇一四）『論理的思考力・表現力を育てる言語活動のデザイン　中学校編』（明治図書）、河野順子（二〇一六）『美しい願いごとのように』（溪水社）参照のこと。

xii「批評読みとその交流」については、河野順子（二〇〇六）の他、河野順子（二〇一五）「『批評読みとその交流』に関する一考察―メタ認知的知識としての条件的知識に着目して―」『国語教育学研究の創成と展開』編集委員会『国語教育学研究の創成と展開』（溪水社）二〇三～二一二頁参照のこと。

xiii この根拠と理由づけの区別を学ぶのがとてもわかりやすい事例として、鶴田清司・河野順子編（二〇一四）『論理的思考力・表現力を育てる言語活動のデザイン　小学校編』（明治図書）二四～二七頁の小学校二年生の「けしゴム」での話し合いの授業事例があげられる。

第三章 実践編

「批評読みとその交流」を取り入れた授業づくり

くらべてよもう

1 「じどう車くらべ」（光村図書　一年下）

1　教材について

⑴　教材内容……批評読みの可能性

「じどう車くらべ」は、自動車の「しごと」と「つくり」の間にある因果関係について述べた説明的文章である。「それぞれのじどう車は、どんなしごとをしていますか。そのために、どんなつくりになっていますか。」という問いに対して、「バスやじょうよう車」「トラック」「クレーン車」の例をあげて答えている。これらは、以下のように共通する構造から構成されている。「バスやじょうよう車」を例に見てみる。

1文「しごと」	バスやじょうよう車は、人をのせてはこぶしごとをしています。
2文「しごと」にあわせたつくり①	そのために、ざせきのところが、ひろくつくってあります。
3文「しごと」にあわせたつくり②	そとのけしきがよくみえるように、大きなまどがたくさんあります。

自動車について、「しごと」ができるために、どのような「つくり」になっているのかを二つあげている。これが本教材で教えるべき教材内容である。また、「しごと」と「つくり」を「そのために」でつなぐ、因果関係の論理を読み取ることが必要となる。

しかし、教材文は文の数が少なく洗練されているため、論理的な思考に慣れていない一年生の子どもにとって、文同士の間の因果関係を読むことが難しい。文と文の関係づけの不十分さから起こる誤った読みや浅い読みが予想される。したがって、こうした教材と出会って生まれる子どもの疑問や矛盾を活かしながら子どもの側からの授業を構想する批評的な読みが可能になる。

(2) 教科内容(身につける力)

・自動車の「しごと」と「つくり」の間にある因果関係を読む力
・根拠をもとに理由づけして読む力
・理由づけに比較や因果関係の論理的思考力、生活体験を用いて読む力

(3) 教育内容

自動車を「しごと」と「つくり」の因果関係で見る筆者の見方・考え方に出会い自動車の世界の見方が広がるであろう。また、身の回りの世界を因果関係で捉えようとする見方・考え方を育てることができると考えられる。

2 学習指導計画

単　元　くらべてよもう　「じどう車くらべ」　光村図書1年下……総指導時数(一二時間)
第一次　自動車を題材に説明文書き
第1時　じどう車クイズ大会に出すクイズを考える。
第2時　じどう車クイズ大会をする。
第3時　説明文を書く。
第二次　疑問をもとに批評読み
第1時　教材文に出会って疑問を持つ。

※自動車博士（筆者）が書いた文章に納得できるかと問いかけ、教材文の内容や書き方についての疑問を持たせる。次時からこの疑問をもとに交流する。
第2・3時　「バスやじょうよう車」について読む。
第4・5時　「トラック」について読む。
第6・7時　「クレーン車」について読む。
第三次　好きな自動車を題材に説明文書き
第1・2時　説明文を書いて読み合う。
※自動車博士になって好きな自動車について、自由に説明文を書かせる。

3　第二次「批評読みとその交流」の実際

本実践において、子どもの側から〈教科内容〉へ向けての問いが生成され、「批評読みとその交流」が生成するためのポイントは、本教材の教科内容である自動車の「しごと」「つくり」の因果関係に出会うための第一次の子どもたちの既有知識の掘り起こしのための活動が重要であった。

第一次では、次のように三段階に渡って、既有知識の掘り起こしを行った。

まず、第1時でじどう車クイズ大会に出すクイズを考えさせる活動を入れた。この際、自動車の名前あてっこクイズを作らせた。「サイレンを鳴らしながら、病気の人を乗せて走ります。これは何の自動車でしょう。」というように、既習教材「くちばし」の問いの形を使ってクイズを作らせた。クイズを作ることで、自動車の「つくり」や「しごと」に着目させ既有知識を掘り起こすことができた。

次に、第2時では、じどう車クイズ大会をした。ここでは、じどう車クイズ大会で使われた言葉を教師が

「つくり」と「しごと」の観点から分類して板書した。例えば「サイレン」は「つくり」のまとまりに、「病気の人を乗せて走る」は「しごと」のまとまりに入れておく。しかし、この時点ではどんな観点で分類しているかは子どもたちに説明したりしない。最後に分類した集合体に名前をつけさせ「つくり」と「しごと」の観点を明示した。このことで、筆者が用いている自動車の「しごと」や「つくり」という言葉が何を意味しているのかを子どもたちに理解させると共に、本教材で獲得させたい教科内容である「しごと」と「つくり」の関係に子ども自らが気づいていけるように工夫した。

最後に、第3時で説明文を書かせた。具体的には「それぞれのじどう車はどんなしごとをしていますか。そのために、どんなつくりになっていますか。」という教材の問いの文につながる答えを書かせた。「バスやじょうよう車」「トラック」「クレーン車」の挿絵がのった罫線のワークシートを与え自分が書きやすいものから書かせた。

そのうえで、教材文に出会わせた。すると、次のように〈教科内容〉に関わる問いが子どもの側から出てきた。ここでは、「バスやじょうよう車」の読みについて述べる。教材文1・2・3文について子どもたちから出た素朴な思いや疑問を次のようにまとめ、①～⑤の疑問の順に交流した。

1文「バスやじょうよう車は、人をのせてはこぶしごとをしています。」についての疑問

① じょうよう車はタクシーじゃありませんよ。

② 友達ものせてはこびますよ。

2文「そのために、ざせきのところが、ひろくつくってあります。」についての疑問

③ どうしてざせきのところがひろいんですか。

⑤　なぜ、「そのために」がいるんですか。

3文　「そのけしきがよくみえるように、大きなまどがたくさんあります。」についての疑問

④　どうしてそんなにまどがいるんですか。

⑴　**「バスやじょうよう車は、人をのせてはこぶしごとをしています。」に対する疑問**

①　「じょうよう車はタクシーじゃありませんよ。」…「しごと」の意味を理解するための問い

紗代は、「しごと」の意味を第一次で捉えきれておらず、「しごと」とはお給料をもらう仕事と誤って捉えたまま教材と出会った。そして、乗用車は、タクシーじゃないから人を乗せて運ぶ仕事をしているとは言えないという疑問を持った。

紗代　乗用車は、タクシーじゃありませんよ。〈中略〉

C　紗代ちゃん、タクシーはお金を払うけど、でも、車は、お金を払わないでいい（ってこと）？〈中略〉

C　これは、車の仕事を教えてるんだから、車は人を乗せるんだから、（乗用車も）人を乗せる仕事をしている。〈中略〉

C　……乗用車は家のお仕事とかに行くときのもので、タクシーは、……普通旅行とかに行くときに……。

T　ということは、この（筆者が言う）仕事っていうのはだれの仕事なの？

C　バスや乗用車の仕事。

この交流を通して、紗代のように第一次で「しごと」の意味を捉えきれなかった子どもは、紗代の素直な疑問を交流することで、「しごと」という言葉が、擬人化された表現に基づくものであるという意味を理解することができた。

②　「友達ものせてはこびますよ。」…「人をのせてはこぶしごと」の概念を理解するための問い

孝は、「人をのせてはこぶしごとをしています。」の「人」には、友達は入らないと考えていた。

孝　友達も乗せて運ぶ！

Ｔ　じゃあ、友達を乗せて運ぶ（と書いたほうが）がいいですか？

Ｃ　ううん。

Ｃ　人。

Ｔ　なんで、人がいいですか？

Ｃ　だって友達も同じ人だし、自分も人だし、友達もみんな人だし、先生も、子どもたちも、大人も、おじいちゃんも、おばあちゃんも、大学生もみんな人だから、友達って書いたら自分は乗んないってことになっちゃうかもしれないから、人って書いたほうがみんなにわかりやすいと思います。〈中略〉

Ｃ　私は、お友達はダメだと思います。どうしてかと言うと、お友達っていうのは、お友達だけ乗せるのかって思っちゃうから、人のほうがいいと思います。

孝の疑問を交流することで、筆者の使った「人」という言葉は、友達やその他の人をまとめて表現している言葉だということがわかった。

⑵「そのために、ざせきのところがひろくつくってあります。」に対する疑問

③「どうしてざせきのところがひろいんですか。」…しごととつくりの因果関係の論理を捉えさせる問い

誠の疑問を出してペアで考え、交流させた。

Ｃ　バスは人をたくさん乗せて運ぶから、……いっぱいお客さんが乗ったら、人が座れなくなっちゃうから、だから、座席が広いほうがいいと思います。〈中略〉

Ｃ　えっとね。

C　ここに背もたれがある。〈中略〉
C　たくさんの人が運べる。
C　だって、バスや乗用車は人を乗せて運ぶ仕事をしていますって（書いてある）。〈中略〉
C　弘くんが言ったように座席のところが広いのは、たくさんのお客さんを乗せるためだと思います。どうしてかと言うと、ここに、もともと、人を乗せて運ぶ仕事をしている（って書いてある）から。広くしたほうがいい。

というように、「つくり」と「しごと①」を関係づけて読んだ。

(3)　「そとのけしきがよくみえるように、大きなまどがたくさんあります。」に対する疑問

④　「どうしてそんなにまどがいるんですか。」…しごととつくりの因果関係を捉える

幸樹は、第一次の説明文書きで、バスの「つくり」に荷物入れやボタン、つりかわを選んで書いていた。窓のことを取り上げている教材文に出会い、「何でそんなにまどがいるんですか。」と疑問を持った。そこで、教師は幸樹の疑問を出して、なぜ筆者が「窓」を取り上げたかに迫らせようと考えた。

T　幸樹くんは、（博士と）違う。荷物入れがあるよ、「おりまあす。」っていうボタンがあるよって。他にも、バスや乗用車には「つくり」があるよね。〈中略〉
C　タイヤ。
C　う〜ん、ライト。〈中略〉
T　タイヤがたくさんありますでもよかったんじゃないの。〈中略〉
C　人は重いからたくさんいるから、大きなタイヤがたくさんついていますでもいいと思う。
C　いや、でも、反対。〈中略〉

C　さっちゃんが言ったようにね。タイヤは、人を乗せて運ぶために必要だけど、でも、タイヤを使ったら（次の）トラックとかぶれて（重なって）しまう。〈中略〉

C　人を乗せて運ぶ仕事って書いてあるから、人を乗せて運ぶ仕事のためにあるやつを選んだと思います。どうしてかと言うと、窓は人を乗せて運ぶ仕事に関係があります。人を楽しませないと、人は逃げていくから、人を乗せて運ぶ仕事には窓があって、座席は、なかったら、座れるところがなくなっちゃうから、とにかく……〈中略〉

C　……でも、タイヤもね～人を乗せて運ぶ仕事に大切。〈中略〉

C　え～～～。ちょっと待って。

C　（窓は）人を乗せて運ぶ仕事のために、一番必要なつくり。〈中略〉

C　（窓は）なくてはならないつくり。

このように、他の「つくり」も検討しながら、「人をはこぶしごと」になくてはならない「つくり」は窓だったという読みに至った。

(4)「そのために、ざせきのところがひろくつくってあります。」に対する疑問

⑤　なぜ、「そのために」がいるんですか。

C　なんで、「そのために」はいるんですか？〈中略〉

C　ぼくもそう思った。〈中略〉

C　「そのために」がいるのは、アラビックやまと（糊の商品名）みたいなくっつき言葉だと思う。どうしてかと言うと、どんな仕事をしていますか、そのためにどんなつくりになっていますか、があるから、仕事とつくりを合わせるみたいな、アラビックやまと。〈中略〉

T　ということは、「そのために」は、何のためにっていうこと。
C　仕事のために。
T　あ！　これは、仕事って読み替えられるわけね。
仕事のためにどんなつくりになるのか。
C　そのためには、どんなつくりになっていますかって言ったから、それに答えて、その仕事のために必要なつくりを教えてる。

「そのために」という言葉の意義を「アラビックやまと」という糊にたとえて説明した。すると、洋子が文同士のつながりを言葉にした。

以上のように、一年生の批評読みとその交流は、教科内容に対する一年生なりの素朴な疑問から出発することが一年生の子どもたちの主体性を育てていくうえで重要である。素朴な疑問は一年生なりに他者との対話を引き出し、一年生なりの自己内対話を生成するのである。

4　第三次　説明文書き

以上のような「批評読みとその交流」後、自動車博士になって自分の好きな自動車について書かせた。制限を与えることなく自由に書かせた。聡はごみ収集車を実際に見たり、おもちゃで構造を取材して説明文を書いた。「しごと」と「つくり」を関係づけるために自分なりの述べ方を工夫している。

〔ごみしゅうしゅう車〕
ごみしゅうしゅう車は、ごみをこうじょうにはこぶしごとをしています。一ちょうないとか五ちょうないのごみをあつめます。どこにいれるかとゆ（い）うと　うんてんせきのうしろの　でかいはこにいれます。こぼれちゃうから　ふたもついています。こうじょうについたらごみをどうやってすてるかというと　でっかいはこがかたむいて　おとすんです。でももし　つくりのでっかいはこがなかったら　ごみをあつめることができません。あと　ふたがなかったら　ごみはいれられるけどおちちゃいます。

5　批評読みの実践のまとめ

「じどう車くらべ」の指導では形式に重きを置いた読みのつまずきが指摘され、文同士の間にある因果関係を読むことに重きが置かれるようになった。しかし、重要なのは、そのような学びが子どもの側から起こることである。今回、「批評読みとその交流」の手法を取り入れることで、筆者の文章に対する子どもの疑問から出発できた。しかも、こうした子どもの側からの問いが教材で教えるべき〈教科内容〉へ向けて行っていくことが大切であった。そのためには、第一次の展開、つまり、教材と出会う前の既有知識の掘り起こしに工夫が必要である。子どもたちは、「読めているようで実は読めていない」という子どもの実態をいかに教師が見取るかが重要である。

（杉本　典子）

2 「おにごっこ」（光村図書　二年下）

1　教材「おにごっこ」の特徴

教材「おにごっこ」（森下はるみ）は、資料1で示す通り、六つの段落から成る。「はじめ」に「おにごっこには、どんなあそび方があるのか（問い①）」「なぜ、そのようなあそび方をするのか（問い②）」という二つの問いがある。そして、それぞれの問いに答える形で、「なか」の説明が始まる。「まとめ」では、「おにごっこは工夫できる。」「だれもが楽しめるおにごっこができるとよい。」という筆者のものの見方・考え方が出てくる。

本教材の特徴の一つ目は、第五段落の説明が第二～四段落の説明と異なるという点である。第二～四段落は、「問い①に対する答え→問い②に対する答え」というように、明確に問いに対する答えが順序よく述べられている。しかし、第五段落は、「ところが、このあそび方は、どきどきして楽しいけれど、おにごっこがすぐにおわってしまいます。そこで、おにがふえても、にげる人をつかまえにく

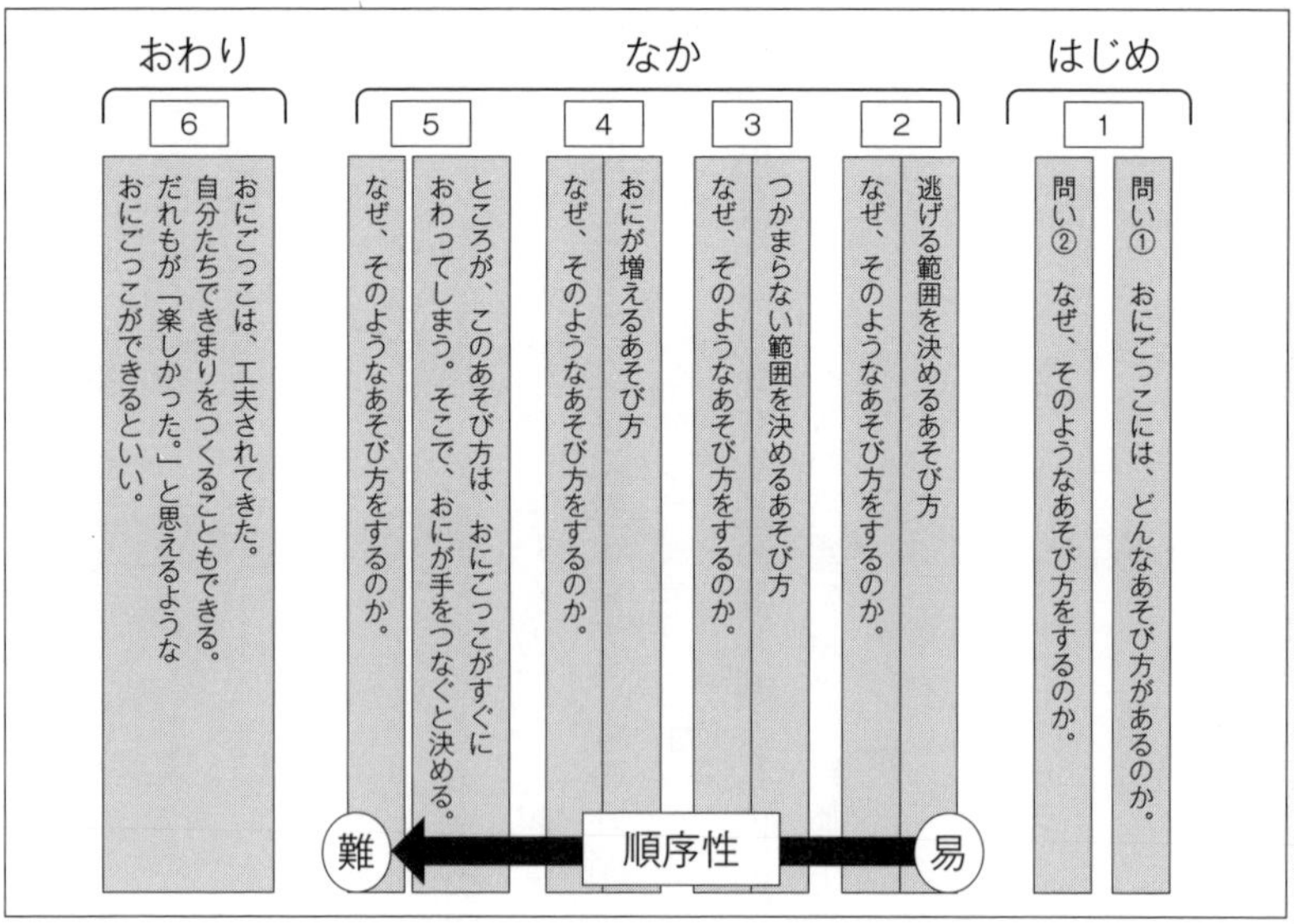

はじめ
1
問い①　おにごっこには、どんなあそび方があるのか。
問い②　なぜ、そのようなあそび方をするのか。
なか
2
逃げる範囲を決めるあそび方
なぜ、そのようなあそび方をするのか。
3
つかまらない範囲を決めるあそび方
なぜ、そのようなあそび方をするのか。
4
おにが増えるあそび方
なぜ、そのようなあそび方をするのか。
5
ところが、このあそび方は、おにごっこがすぐにおわってしまう。そこで、おにが手をつなぐと決める。
なぜ、そのようなあそび方をするのか。
おわり
6
おにごっこは、工夫されてきた。
自分たちできまりをつくることもできる。
だれもが「楽しかった。」と思えるようなおにごっこができるといい。
易
順序性
難

資料1　教材「おにごっこ」の内容と形式

することがあります。『おにになった人は、みんな手をつないでおいかける。』ときめるのです。」と述べている。この説明は、問い①に対する答えとも、問い②に対する答えとも定められない。なぜなら、この段落で初めて「きめる」という言葉が出てきたように、第五段落には、「自分たちに合ったおにごっこをする」という考え方に子どもたちを誘うという役割があるからである。二年生の子どもたちにとってこの第五段落の役割の意味を考えることが、新たな知識・技能の獲得になると考える。本教材の特徴の二つ目は、第二～五段落には、遊び方が易しいものから難しいものへという順序性があるということである。そこで、この第五段落の役割と、筆者である森下さんがどうして第二段落から第五段落までの事例をこのような順序で述べたかを考える「批評読みとその交流」を行うこととした。

(1) 教材内容

「おにごっこには、どんなあそび方があるのか」「なぜ、そのようなあそび方をするのか」の二つの筆者の問いかけにどのように答えているかを読み取ることができる。

(2) 教科内容

・「おにごっこ」に関する自分の知識や経験を想起し、進んで文章を読もうとする。
・様々な「おにごっこ」の遊び方やその遊び方をする理由を理解し、「おにごっこ」の楽しさを伝えるための事柄の順序を考えながら読むことができる。

(3) 教育内容

・ルールを工夫するなど楽しくするための遊び方について考えを深めることができる。

2　学習指導計画（全六時間）

(1)「おにごっこ」に関する知識や経験について話し合う。（既有知識の掘り起こし）
(2)「なぜ、そのようなあそび方をするのでしょう。」という問いに対する答えを抜いたサンプル文を読み、問いに対する答えをつくるという見通しを持つ。
(3)「なぜ、そのようなあそび方をするのでしょう。」という問いに対する答えを話し合い、プレテキストをつくる。
(4) 教材文「おにごっこ」と出会い、本文のよさや疑問点について話し合う。（教材文との出会い）
(5) 第五段落の必要性について考える。
(6) 教材文「おにごっこ」の順序の特徴について話し合う。

3　授業の実際

本単元の要となるのは、子どもたちの「おにごっこ」に関する知識や経験をいかに引き出すかである。教材「おにごっこ」に書かれている遊び方を経験したことがない状態では、意味的対話は活性化されない。そこで、単元に入る前に、学級全体で、教材「おにごっこ」に書かれている遊び方を事前に行い、「おにごっこ」に関する経験がある状態にしておいた。

(1)　第一次1時　「おにごっこ」に関する知識や経験について話し合う

本時では、まず、「おにごっこ」に関する意味マップをつくる活動を通して、既有知識を掘り起こす。二年生の子どもは、自分の知識や経験が、自分のものの見方・考え方そのものである。よって、本時でたくさんの知識や経験を掘り起こし、「自分は『おにごっこ』について何でも知っている。」という「わかったつもりの状態」にすることで、あとに教材文「おにごっこ」と出会ったときの意味的対話が活性化されるようにする。

意味マップは、まず個人でつくったあと、学級全体で交流する。資料2は、子どもの意味マップの一例である。この子どもは、逃げる・つかまえるなどの役割、こおりおに・ふえおになどの遊び方、楽しいという感情を知識や経験としてあげている。子どもたちの「おにごっこ」に関する知識や経験は、役割・遊び方・感情に集約された。つまり、この時点で子どもは「なぜ、こおりおに・ふえおになどの遊び方をするのか」といった、遊び方をする理由までは、考えることができないのである。そこで、第二次1時では、子どもの知識や経験には表れなかった、「なぜ、そのような遊び方をするのか。」という問いを含めたサンプル文を提示する。これが、筆者の発想に関わる先行情報となる。

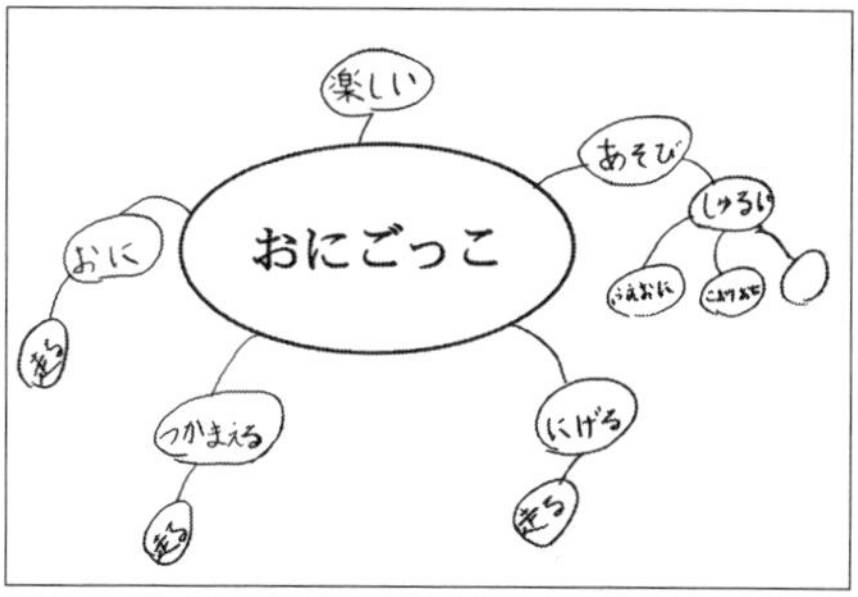

資料2　「おにごっこ」に関する意味マップ

⑵　第二次1時「なぜ、そのようなあそび方をするのでしょう。」という問いに対する答えを抜いたサンプル文を読み、問いに対する答えをつくる

本時では、「みんなが知っていることをまとめて、先生がこんな文章を書いてみたよ。」と、資料3を提示する。「なぜ、そのようなあそび方をするのでしょう。」という二つ目の問いに対する答えが載っていない「おにごっこ」のサンプル文である。「先生が書いた文章には、いくつの問いがあるのでしょう。」と発問すると、「おにごっこにはどんな遊び方があるのか（問い①）」「どうしてそのようなあそび方をするのか（問い②）」という二つの問いがあることに気がついた。そして、それぞれに対する答えを探していく中で、子どもたちから、「あれ？　問い②の答えはあるの？」「『あそび方の一つに』は遊び方のことだよね？」「『あそび方』という言

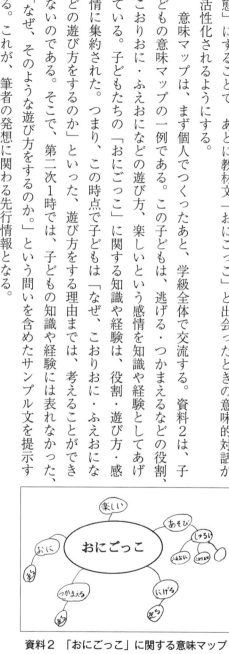

葉しかないよ。」という反応が聞かれるようになり、次のような学び合いが始まった

M児：「何でこんな遊び方をするのかなあ。」とみんなで考えたらここ（第二段落のあと）とか、ここ（第三段落のあと）とかに、問い②の答えが隠れていそうだから、みんなでそこを考え直してみたいと思います。
Y児：だから、（先生が書いた）「おにごっこ」の文章には問い②の答えはないけれど、考えれば出てくるということ？
M児：そう！

このように、「先生が書いた文章に問い②の答えがないならば、自分たちでつくればよい。」という学び方を考え出し、次時の学習へとつながった。

(3)　第二次2時　「なぜ、そのようなあそび方をするのでしょう。」という問いに対する答えを話し合い、プレテキストをつくる

本時では、「どうしてそのようなあそび方をするのか（問い②）」に対する答えを自分で考えてテキストをつくる、プレテキストづくりを行う。これまでと同様、教科書の本文は読まないまま、自分の知

おにごっこ　　　ひろぐち　ともよ　文

1　おにごっこは、どうぐがなくても、…（略）
2　あそび方の一つに、…（略）
3　また、「じめんにかいた丸の中にいれば、…（略）
4　ほかに、「おにが交代せずに、…（略）
5　ところが、このあそび方は、…（略）
6　このように、おにごっこには、…（略）

資料3　問いかけ②に対する答えがない教材「おにごっこ」のサンプル文

おにごっこ

（　　　　　　　）文

1 おにごっこは、どうぐがなくても、…（略）

2 あそび方の一つに、…（略）

とうしてかというと本ず、きると、おにの人もにげる人もつかれるからです。だからはんにんをきめると、つかれません。そうするとだれもが楽しめるおにごっこになります。

3 また、「じめんにかいた丸の中にいれば、…（略）

そうしたら足のおそい人がすぐつかまってしまいます。しかしずっとそばにいればおにが来ってしまうからびょうだけ入れる」などとじかんをきめるとよりおもしろくなります。

4 ほかに、「おにが交代せずに、…（略）

そうすればおにが一人でおいかけるよりなかまときょうりょくしてなかなかもっとつかまります。

5 ところが、…（略）

このルールをしないと、にげる人がすぐつかまってもおもしろくありません。だから手をつないではじめるのはいいアイデアです。それにおにの人はにんずうが多くなるほど心を合わせないといけないから、なかまづくりにもかんけいします。

そうすると、にげる人は長くにげられます。

6 このように、おにごっこには、…（略）

資料4　K児のプレテキスト

識や経験を頼りに、子どもたちはプレテキストをつくっていく。資料4はK児のプレテキストである。

(4) 第二次3時　教材文「おにごっこ」と出会い、本文のよさや疑問点について話し合う

本時で、やっと子どもたちは教科書の教材文「おにごっこ」（森下はるみ）に出会った。子どもたちは、前時に自分がつくったプレテキストと、筆者である森下さんの文章を比べて読み、〈事例1〉のような反応を示した。このように、プレテキストをつくったことで、子どもたちは、傍線のように「理由が書いてある」「自分たちが経験したことと同じことが書いてある」「筆者はきまりを書いてある」等、教材文のよさをあげた。しかし一方で、第五段落は、

T　（第4段落を音読。）
全員　う～ん。ああ、ああ、納得。
K児　ああ‼　理由がある。
T　これには、納得？
全員　すごい納得。
K児　すごく納得させられた。
T　Kさん、どこで納得できたの？
K児　だってみんなは、逃げる人は得をしないって言ってたけど、おにが多い程、おもしろいし、みんなで「増え鬼」をしたとき、たくさん追いかけられたんだけど、かわしておもしろかったから。そんなことが書かれていたから。
S児　私もKさんが言ったように、たくさん追いかけられたけど、「楽しくない。」とか「いや。」ではなくて、また、それが楽しかったから。森下さんは、みんなが楽しめるきまりを書いているから。

〈事例1〉

N児　五段落はいると思う。
R児　いいよ。ぼくもいると思う。
K児　なんかねえ、五段落目は、つなげるためにいるじゃん。つなげるために。
N児　遊び方のことを書いてなくて、「ところが」だから、楽しい？　ううん、楽しいじゃない。「ところが」だから、大切なことが書いてある。「ところが」だから。でも……。
R児　ぼくは、第五段落目は遊び方だと思う。どうしてかと言うと、「ところが、このあそび方は」と書いてあるから、多分、遊び方だと思う。
N児　「このあそび方は」って、何のことを示しているんだろう。四（段落目）かな。
K児　あっ！　「増え鬼」よ！
N児　「増え鬼」か。
K児　「増え鬼」を示しとる。だって、「ところがこのあそび方は、どきどきして楽しいけれど、おにごっこがすぐおわってしまいます。そこで（・・）そこで（・）で」って言ってるから、「増え鬼」の付け加えをするためのアドバイスを書いているんだから。
N児　そう、そう、そう、そう。だから。
K児　五段落目は、いる。
N児　うん。いる。

〈事例2〉

「どのような遊び方があるのでしょう」という問い①の答えなのか、「なぜ、そのような遊び方でしょう」という問い②の説明なのかという問いが生まれた。そこで、次時では第五段落の必要性について批評読みで考えてみることにした〈前頁の〈事例2〉を参照のこと〉。「第五段落がないと、おにごっこがもっと楽しくならないから、森下さんは仲間づくりのことを考えて書いた。」というような、筆者のものの見方・考え方と述べ方をつなぐ発言が聞かれた。

そこで、第六段落に森下さんが伝えたいことが書いてあることを押さえたうえで、「第二～五段落のどれも、第六段落につながるのだから、第二～五段落の順序はばらばらでもいいのではないでしょうか。」と発問した。すると、子どもたちから「それではだめ。」「順番には意味がある。」等の反応が聞こえ始めたところで、次時へとつながった。

(5) 第二次4時　第五段落の必要性について考える

本時は、まず全体に、「第五段落は、いるかいらないか。」と発問した。すると、全員が「いる。」と反応したものの、その理由は、「問い①の答えだからいる。」「問い②の答えだからいる。」と二分した。そこで、「問い①の答えとも、問い②の答えとも、はっきりしない段落なら、いらないのではないのでしょうか。」と、揺さぶり発問をした。すると、グループで〈事例2〉のような学び合いの様相が表れた。

このように、子どもたちは、グループで他の学習者と対話をしたことを通して、「『この遊び方』は増え鬼のことを表しているのだ」ということを明確にし、第五段落目は「増え鬼」のアドバイスをするためにいるのだと、第四段落とのつながりを見いだしていった。グループでの学び合いのあと、全体で第五段落の必要性を考えた際には、他に「この文章は、『おにごっこを楽しくしたい。』というお悩みにお答えする文章みたい。第五段落をなくすと、おにごっこがすぐに終わるというお悩みが解決できない。だから、第五段落は必要だ。」「第五段落がないと、おにごっこがもっと楽しくならないから、森下さんは仲間づくりのことを考えて書いた。」というような、筆者のものの見方・考え方と述べ方をつなぐ発言が聞かれた。そこで、第六段落に森下さんが伝えたいことが書いてあることを押さえたうえで、「第二～五段落のどれも、第六段落につながるのだから、第二～五段落の順序はばらばらでもいいのではないでしょうか。」と発問した。すると、子どもたちから「それではだめ。」「順番には意味がある。」等の反応が聞こえ始めたところで、次時へとつながる。

(6) 第三次1時　教材文「おにごっこ」の順序の特徴について話し合う

本時は、教材文「おにごっこ」の順序の特徴を考えるまとめの学習である。グループで第二～五段落の順序の意味を考えたあと、黒板で教科書の挿絵や段落カードを並び替えながら、全体で学び合いを行った様相が〈事例3〉である。

〈事例3〉

S児　順番だったら、△△さん→○○さん→◎◎さん（※出席番号順を表している）という順番がありますよね。それと同じで、順番って、これはこうで、これはこうで、これはこうでって、上がって行くんですよ（※腕で斜めを表現）。
K児　何で？
S児　ばらばらだと、波みたいにこうなって（※腕で波を表現）、全然違う答えになってしまうかもしれないから、えっと…。
K児　ああ、確かに。意見変わった。
S児　ばらばらだと、△△さん→☆☆さん→××さんみたいにごちゃごちゃになって（出席番号の順番が）違うから、順番を変えるとわかりにくくなって、「この答えって何だったっけ？」とか「この遊び方ってこんなんじゃなかったよね？」ということになるから、順番は変えないほうがいいと思います。
T　順番は段々上がって行くものなんだね。Kさん、Sさんの意見を聞いて考え方が変わったって言ってたよね。つぶやいてたよね。どう変わった？
K児　最初は、ぼくは（順番を）変えてもいいと思ってたんだけど、Sさんが言ったことで確かにそうだなと思って意見が変わった。

T　だって、Sさんは順番があるから、いろいろとこういうルールがあってとレベルアップをして、「こういうルールがありますよ。」ということを書いているというから、それなら、レベルが下がったり上がったりしたらおかしいと思ったから。
Kさんはレベルアップの順番があるということなんだね。「おにごっこ」のレベルアップって？

S児は出席番号順という身近な経験を理由づけとし、「順番は、伝えたいことを伝えるために必要なのだ。」と主張した。それを聞いたK児は、「順番は変えてもよい。」という自分の考えが変容し、「順番とはレベルアップしていくもの」というように、順序と教材文「おにごっこ」のルール（きまり）とを関係づけた。そこで、『おにごっこ』のレベルアップとは何か。」と、K児の考えについて全体で考える場を設けた。その様相が〈事例４〉である。

〈事例４〉

H児　まず、範囲を決めて。これが一番簡単だと思うから範囲を決めたので【第二段落の説明】。
T　一番簡単？
Y児　だから、手をつないで行くのが難しかったんだよ。
H児　こういうこと（木に触っていたらつかまらないこと）は、次に簡単だからこっちにして【第三段落の説明】、次は手をつながない「増え鬼」が簡単だったからこっちにして【第四段落の説明】、「手をつなぐ増え鬼」が一番難しいと思ったから、一番最後にした【第五段落の説明】と思います。
G児　本を書く人は、順番を決めると聞いたことがあるんだけど、順序が正しくないと話の意味がわからなくなると思います。
T児　順番は変えてもいいと思います。どうしてかというと、セットのところはセットのままにしておいたら変えてもいいと思います。
T　どこがセットになるの？
T児　第四段落と第五段落は同じ「増え鬼」のことだから……。セットではないところは、変えてもいいと思います。
他児童　びっくりしました！　でも！　Tさんに賛成で！
Z児　私は、森下さんの順番がわかったんだけど、森下さんは森下さんにとって、「鉄棒より向こうに逃げてはだめ」というのが簡単だったんだと思います。私たちが読むから。だから、人によって順番は変わるんだと思います。
他児童　ああ！
Z児　自分にとって簡単なのが、もしかしたら「増え鬼」かもしれないから、私は「増え鬼」が一番簡単だったから、「あそび方の一つに、おにを交たいせずに」が。自分自身で変えられるから、順番は森下さんが決めることだから、別に自分がこれ（「おにごっこ」）をつくってまねしたとしたら、順番は変えてもいいと思います。
他児童　なるほど！

このように、子どもたちは全体で学び合う中で、教材文「おにごっこ」は簡単な遊び方から難しい遊び方へと遊び方がレベルアップしている順序になっていると見いだした。Y児は傍線部のように、自分が実際に友達と手をつないで追いかけた経験を理由づけとして、教材文の順序に納得している。また、T児の第四・五段落をセットにすれば順序は変えてもよいという発言を受けて、Z児は、「筆者である森下さんが読み手のことを考えて、この順番が簡単な順番だと考えた。」と、筆者のものの見方・考え方と述べ方をつないで考えた。このZ児の考え方が新しく、また、「私（にとって）は『増え鬼』が一番簡単だから……。」と、自分に引き寄せて事柄の順序を考えた発言があったため、他の児童も「ああ！」「なるほど！」と筆者のものの見方・考え方と述べ方を理解したのだと考える。

4　本単元のまとめ

本単元では、「批評読みとその交流」を行うための手立てとして、プレテキストづくりを取り入れた。「今日から、『おにごっこ』の学習ですよ。」と始めるのではなく、「おにごっこ」という二年生の子どもに身近な題材であることを最大限活用して、知識や経験を十分に掘り起こす。そして、「プレテキストをつくりますよ。」と学習活動を与えるのではなく、故意に問い②に対する答えを省いたサンプル文を提示することで、「自分たちで文章を書いてみたい。」というプレテキストづくりへの動機づけを行った。そのようにして、あたかも自分が「おにごっこ」について全てを知っているような状況を整える。しかし、そんな自分の知識や経験を上回る教材文との出会いにより、「どうして」という問いを誘発し、教材（内容や形式）・筆者・他の学習者・教師との対話が始まった。このように、教材文と出会わせる前の工夫によって、「第五段落は必要なのか。」「教材文はどのような順序になっているのか。」といった子どもの側からの問いが生まれた。そして、自分たちから生まれた問いから「批評読み」が行われたからこそ、子どもたちは、主体的・対話的に他の学習者と考えを述べ合い、筆者のものの見方・考え方と述べ方を関連づけて考える深い学びができたものと考える。

（廣口　知世）

3 「アップとルーズで伝える」（光村図書　四年下）

説明の工夫を見つけよう

1　教材観について

本教材「アップとルーズで伝える」は、アップとルーズの違いを対比させ、情報生産者の側から目的に応じて情報（映像）をいかに（アップなのかルーズなのか）切り取るかが大切であるということが説明された文章である。（文章構成は、四一頁を参照のこと）

一～三の段落では、写真を効果的に用いて「広いはんいをうつすとり方を『ルーズ』といいます。」「ある部分を大きくうつすとり方を『アップ』といいます。」と対比的に定義がされている。そのうえで、どんな違いがあるのかということを四段落においてアップのメリットとデメリット、五段落ではルーズのメリットとデメリットが再び対比的に説明されている。そして、六段落では一旦これまでの段落をまとめている。そして、七段落では、それはテレビだけでなく新聞などのメディアで活かされていることを簡潔に述べ、八段落の主張に結びつけている。

本教材は、子どもたちにとって実生活をもとに考えることのできる身近な教材である。教材に提示されている映像メディアだけでなく、実際の新聞を用いたりしながら内容面の理解を促し、文章構成などの形式面にも目を向けさせ、情報生産者としての視点を身につけさせるのに適した教材である。

今回は「批評読みとその交流」に重きを置いて実践することにした。これまでに子どもたちが学んできた説明的文章に出てこない論理展開は六段落で「一旦まとめたうえで、七・八段落で広げたり、深めたりしている」というものである。そこにこそ、筆者のものの見方や考え方が反映されていると考えることができる。こここそに「批評読みとその交流」を行う意味がある。つまり、筆者である中谷さんはテレビにおけるアップとルーズを伝えたいのではなく、情報生産者（テレビ、新聞、雑誌、インターネット、私たちも含めて等）が受け手のことを考えて情報を切り取り、発信しているということを伝えたいのである。それが、七段落・八段落に表現されている。しかし、七、八段落につなげるためには一段落から六段落（厳密には四〜六段落）まで対比を用いて明確に説明することができているからこそ、他のメディアにつなげることができるということも見落としてはならない。

⑴ **教材内容**

テレビ放送におけるアップとルーズのメリットとデメリットおよび、新聞の写真における使われ方や取材の仕方を理解し、筆者の主張を読み取ることができる。

⑵ **教科内容**

対比を用いて一旦論をまとめ、別の話題に話を転換させる変則的な論理展開について理解することができる。

⑶ **教育内容**

一点目は、これまでの学習で出てくることのなかった「一旦まとめて広げる」という論理展開を理解することにより、これから出会うであろう様々な情報メディアに対して主体的に読み解こうとする態度を育成することができる。二点目は、社会に存在する多くの情報生産者（テレビ、インターネット、新聞、雑誌等）がいかに情報を切り取り発信しているかということに関する筆者の考え方に迫ることができる。そのことにより、自らも情報生産者の立場に立った際にいかに「伝えるか」に関する思考が働き出す可能性があるという点である。

2　学習指導計画

第一次　教材「動物の赤ちゃん」の論理展開について考える。

第二次　課題をつくり、読む。

第1時　教材「アップとルーズで伝える」の一から六段落を通読し、「筆者の説明の工夫を見つけよう」という学習課題を提示し、学習計画を概観する。

第2時　一から三段落を読み、書いてある内容について理解し、段落相互の関係を捉える。

第3時　四、五段落を読み、アップとルーズのメリットとデメリットについて読み取る。

第4時　四から六段落の段落相互の関係を捉える。

第5時　第七段落の働きについて考える。

第6時　これまでの学習を振り返り、全文を通読し、全文を通した筆者の説明の工夫について自分の言葉でまとめる。

第三次　新聞や雑誌でアップとルーズの使われ方を見つけ、説明するうえでのよさを調べ報告し合う。

3　教科内容を習得・活用できる学びの実現に向けて～「批評読みとその交流」～

(1)　導入の工夫～教材「どうぶつの赤ちゃん」を活かして～

単元の導入時は、「どうぶつの赤ちゃん」に教師が作成した主張を挿入したものを活用した。「どうぶつの赤ちゃん」では、ライオンとしまうまの赤ちゃんを対比させながらうまれて数カ月間の赤ちゃんの様子の違いを説明している。これは、アップとルーズでも見られる説明の工夫と言える。

まず、読み取りの段階で、ライオンの赤ちゃんの様子について書いている箇所は赤ペンで、しまうまの赤ちゃんの様子について書いている箇所は青ペンでサイドラインを引かせ、それぞれの様子について簡単にまとめていった。

次に、「この説明文の続きを考えよう。」と児童に投げかけ、「このように」から先を予想させることにした。教材文自体が読みやすいものなので、児童のほとんどが「同じ動物の赤ちゃんでも、うまれてからしばらくの間の様子は大きく差があります。」や「同じ動物の赤ちゃんでも育ち方が大きくちがうのです。」など、的を射た主張を想像することができた。学力が低位の児童でも「同じ動物でも目がおそく見えたり、早く見えたり成長の早さはちがいます。」や「同じ動物の赤ちゃんでもいろんな様子でうまれてくる。」など、言葉の不足は見られるが、「ちがいがある」ということを考慮した主張を書くことができた。

そこで、教師が作成した主張と照らし合わせたあとに、「説明の工夫を見つけよう。」と言って、読み取りの際に引いた色別のサイドラインに着目させた。そうすると児童のほうから「はじめにライオンのことが書いてあって、次にしまうまのことが書いてある。」と出てきたので、「ライオンのことはどんな順序で書かれていますか？」と聞くと、「うまれたときの様子（大きさ、目、耳、大人との印象の違い）→歩く様子→うまれて二カ月くらいの生活（おちち、えもの、食べ物）」と子どもたちの言葉が返ってきた。さらに、「シマウマは？」と聞くと、「あっ同じだ。」と驚きの声が上がった。そこで、私が「じゃあ、筆者は読む人のことなど考えず、でたらめな順番で違いを説明したかったんだね。」と揺さぶると、「違いを説明するために、読む人が見比べやすいように書いています。」という言葉が口々に返ってきたので、「比べて説明している」ことをここで押さえ、「アップとルーズで伝える」の読み取りに入っていくことにした。

(2) 本時までの展開およびワークシートの工夫

第3時から第5時の読み取りにおいては、中学年であるので段落同士の関係を捉えることを重視した。言葉に表す欄には、○段落の「はたらき」という言葉を使用し、クラスでの定着を図った。そして、言葉だけでなく自由に図にして表すことによって段落同士の関係をイメージ豊かに捉えることができるように図化させることにした。

児童の反応としては次のようなものが見られた。

A　①＋②＝③という式

B　三段落が一段落と二段落をまとめている図

A、Bのどちらにせよ三段落が一段落のルーズの説明、二段落のアップの説明を「まとめて定義している」ことを理解していることがわかった。導入で取り扱った教材「どうぶつの赤ちゃん」を想起させることで「アップとルーズで伝える」においても「比べながら説明している」ということを子どもたちは理解していった。

このようにして、一段落から三段落までの内容と段落同士の関係を捉えていくことにした。四段落から六段落に関しては、児童の実態より四、五段落の内容を一旦整理する時間が必要であると捉え、アップの映像のよいところ（メリット）と悪いところ（デメリット）と、ルーズの映像のよいところ（メリット）と悪いところ（デメリット）を整理する時間を設けた。そして、四段落から六段落の内容と段落同士の関係を捉えていく際にもワークシートを作成し、使用することにした。

ここでは、前時の学習を活かしながら授業を展開していった。内容の読み取り、段落同士の関係についてもクラスのほぼ全員が容易に理解することができた。さらに、前時と同じように「どうぶつの赤ちゃん」を想起させ「比べるは比べるでもどんな順序で比べていますか。」と問うと、四段落と五段落は「アップ・ルーズの映像の説明→メリット→デメリット」という順序で一段落から三段落での説明をさらに詳しく比較し、説明が行われていることに気づかせた。

さらに、六段落のはじめの「このように」に着目させ、「どうぶつの赤ちゃん」でも「このように」でまとめて、説明文がまとめられて完結していたことを確認した。児童にとってはモノクロ教材で六段落までしか提示されておらず、かつそのことを押さえたことで、七段落との出会いに驚きと疑問を感じてもらいたかった。それが六段落までしか提示しなかった大きな理由である。

なぜそのような仕掛けをあえて用いたかここで簡単に説明する。当初、一段落から六段落までの内容の読み取りや段落相互の関係については、導入で「どうぶつの赤ちゃん」を学習したことと、本教材自体が大変簡潔に書かれていることから容易に読み取ることができると考えていた。その予想通り、ここまでの学習で理解に苦しむ児童の姿をほとんど見ることはなかった。さらに、実態において課題視されていた段落同士の関係を捉えることについても同様のことが言える実際の授業であった。

しかし、筆者はあえて七段落・八段落を述べているのである。そこにこそ、先述したように、本教材の学ぶべき価値があると考えた。だからこそ、ここに子どもたちの理解につまずきが見られるところではないのか、筆者の考えや思いが込められているのではないか、そのように捉えた。それゆえに、七段落があることをあとから知らせることで「なぜ、七段落があるのか。」「そこには、いったいどんなことが書いてあるのか。」と自然なかたちで疑問を引き出す必要があったのである。

児童にとって、いや大人でさえも七段落の内容は見落としが見られるところであると考える。なぜなら、「新聞」「アップとルーズを組み合わせて」「受け手」「取材」「角度やきょり」など、今まで触れられていない言葉が短い段落の中に多く含まれているからである。ぼんやりと読んでいたのでは、六段落・七段落・八段落で大きくまとめられているなどと誤った読みをしてしまいかねない段落である。ましてや、七段落の「はたらき」はどのように捉えてよいのか疑問が生じるところである。これまでの段落との「ちがい」を的確に捉えることができなければ、七段落の「はたらき」や八段落の主張に込められた思いまでは読み取ることができないと考えた。

(3)「批評読みとその交流」の考察

本時では、これまでの学習の振り返りを行い、子どもたちは七段落と出会っていくことになった。このときに七段落・八段落が一緒になっているモノクロ教材を配布した。しかし、本時では七段落のみ範読をして読み取りのほうも七段落のみとした。そして、七段落は必要か?という「批評読みとその交流」を行った。この「批評読みとその交流」では、子どもたちに、「必要」「必要ではない」「わからない」の三つの立場に立たせて考えさせた。この三つの立場に立たせたことがどの子どもにも自分の考えを持たせるうえで重要であった。この自分の考えを述べるうえで次のような読み取りを進めさせた。資料1のワークシートをもとに説明する。

まず、一段落から六段落では「テレビ映像におけるアップとルーズのちがい」について筆者は説明していることを押さえたうえで、これまでの段落で出てこなかった言葉に着目してサイドラインを引かせた。そうすると「新聞」「写真」「取材」「角度やきょり」という言葉が出てきたので、「七段落には新しく〜についてつけ加えて説明されています。」のところはどんなふうにまとめるとよいか考えさせた。そこでは次のような意見が出された。

○新聞
○新聞の写真
○新聞の写真のアップとルーズ
○新聞の写真の使われ方や撮り方

そして、ここでこれまでの段落を踏まえ、七段落の内容を読み、どのような「はたらき」があるのか考えさ

資料1　第6時のワークシート

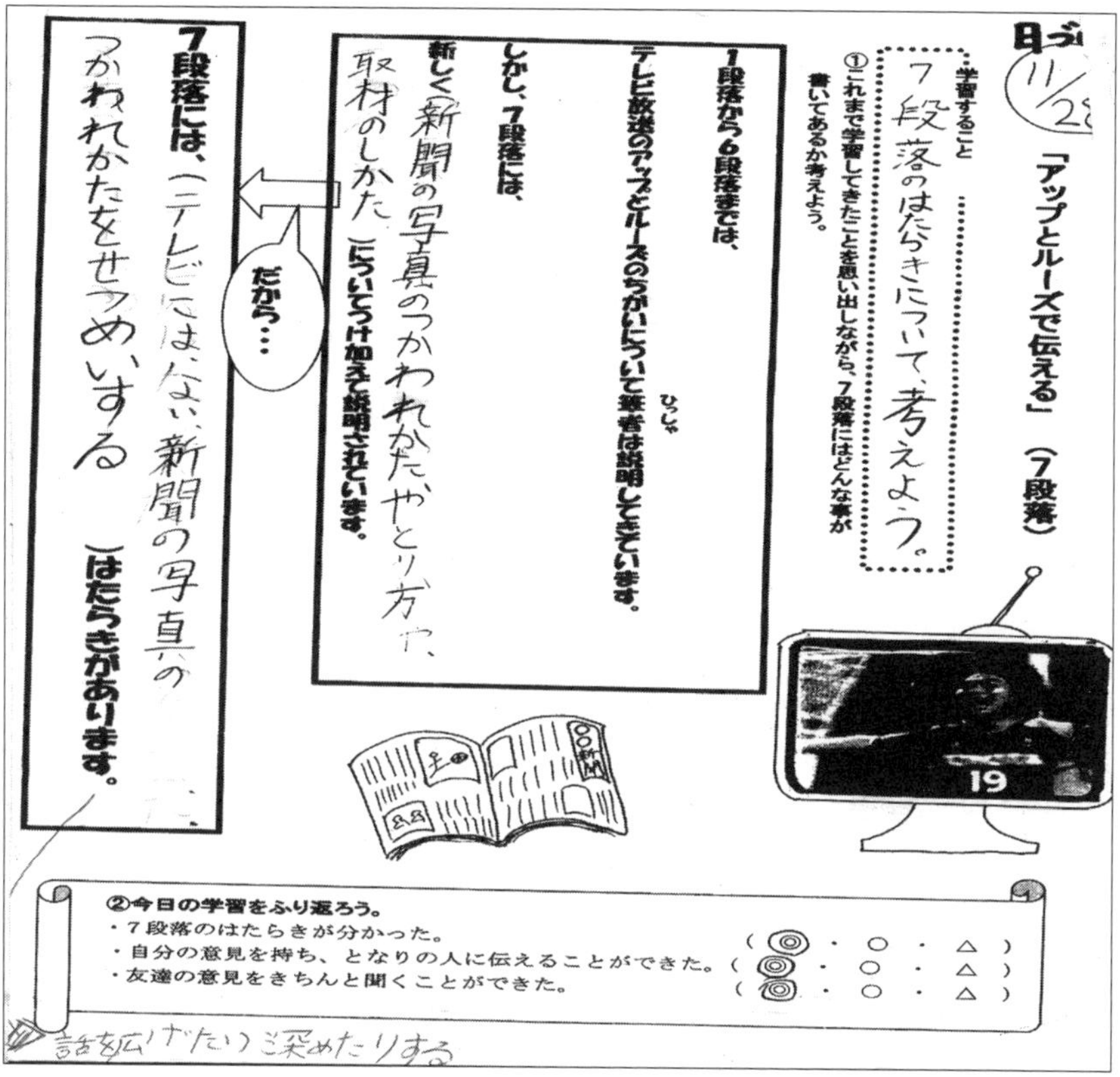

せながら、必要かどうかを考えさせた。自力での思考が困難な児童には「7段落には、テレビの映像から新聞の写真に話題を（　　　）」という「ヒントカード」（緑）を渡し、考えるようにさせた。

「批評読みとその交流」では、七段落は必要ないという意見に対して、必要だという派の意見は大きく二つに分類して捉えることができた。一つ目は「テレビ映像から新聞の写真に話題をつなげる」「話題をつけ加える」「変える」などのように「広げる」という視点に立って七段落を捉えた児童たちである。この児童たちは、これまでをまとめた六段落にはこういう言葉は使われていなかったので、七段落には六段落までとは違って、筆者がテレビだけではなくて、新聞の写真にも話題を広げているから必要だという意見を述べた。もう一つは、「使われ方や取材の仕方」に着目し内容が「深まっている」というふうに捉える児童の意見であった。この意見の児童たちは筆者の主張である八段落へ向けて筆者が本当に言いたいのは、六段落のまとめにとどまるのではなくて、メディアの伝え手と受け手の問題をこそ伝えたいのだという主張へ迫っている児童たちである。この考えこそが子どもたちの既有知識や既有の見方・考え方に揺さぶりをかけてくれると考えた。そこで、七段落は必要ではないと考える児童の意見、次に、「広げるはたらき」と捉えた児童から発言させ、さらに、「深めるはたらき」と捉えた児童に発言させることにした。そして、板書の中で整理して位置づけるようにした。

こうした話し合いを行うことによって、子どもたちの中に、次のように七段落は必要なのだというように七段落の役割に着眼して「批評読みとその交流」の学びが進展していった。

「批評読みとその交流」によって、子どもたちは揺さぶられ、授業後には、次のような変容が見られた。

私は、最初、「どうぶつの赤ちゃん」でもライオンとしまうまを比較して言いたいことを言っていたので、「アップとルーズ」では、アップとルーズが比較されて六段落でまとめが書いてあるのだから七段落はいらないと思っていたけれども、七段落では、「写真」「新聞の写真」などこれまでの六段落にはなかった言葉が出きてきたことから、六段落まではテレビのアップとルーズについて述べていたけれども、ここでは、「新聞の写真」など他のメディアにも広げた事例が出されているので広がっているから筆者が言いたいことが違うので必要だと考えるようになりました。

その結果、どの児童も、結果として七段落の必要性を理解することができた。こうして生み出された考えは、教師が教え授ける授業と比べて、子どもたちの自己内対話が活性化され、考える授業が創られていくことを実感した。

⑷　本実践における〈課題〉

以上のように、今回取り組んだ「批評読みとその交流」では、子どもたちが自分なりに考えを持って行うことができた。しかし、次のような課題も残った。

子どもたちの既習学習として「どうぶつの赤ちゃん」を用いた授業は、「アップとルーズ」の六段落までの段落構成の意味を実感として捉えさせるのに大変効果的であった。また、「七段落は必要か」という「批評読みとその交流」も子どもたちが自分の考えを述べようという主体性が見えて意欲的になった。ただし、教師の支援の仕方にはもっと工夫が必要であると反省が残った。どうしても学びについていけない厳しい子どもがいるという先入観が教師にあったために、緻密に押さえながら、文章を読み解いていこうとしてしまった。そのことが、かえって子どもたちの自由な発想や考えを阻害してしまうこととなった。もっとも課題だったのは、八段落の筆者の主張について、七段落と八段落の関係性を六段落までのこれまでの子どもたちが持っている既習の知識と比べさせることが大切であったということである。今回は、教師の側は子どもたちの既有知識にはない七段落と八段落の意味を考えさせたいと思いながら、子どもたちは読みが苦手だからと結果的には教師主導で六段落までと七段落との関係ばかりを丁寧に読み取らせようとしたために、ノートに八段落のことに言及していた子どももいたにもかかわらず、子どもの側からの発言を生かし切れなかったという反省が残った。

さらに、子どもたちの生活をもとにした教科内容の理解のあり方に関する指導が不足していたために、実感を伴った内容面の読み取りが十分ではなかったという課題が残った。論理展開について「批評読みとその交流」を行う場合にも、子どもたちの既有経験などを引き出す工夫がなければ形式化した学びに終わってしまい、質の高い対話は起こらない。

これらの課題を乗り越えていくことができるような実践の再構築を行っていきたい。

（田邊　友弥）

4 「『ゆめのロボット』を作る」（東京書籍　四年下）

ロボットにかける筆者の夢と対話しよう！

本授業は、二〇一五年一二月二三日の日本国語教育学会熊本支部大会で授業提案を行ったものであるが、本稿では紙面の都合上、授業の構想の提案としたい。

1　主体的・対話的な批評読みとその交流を実現するために

教材「『ゆめのロボット』を作る」は、筆者へのインタビュー記事と説明文の二部構成になっている。インタビュー記事では、対話形式で、筆者が思い描く「ゆめのロボット」への願いが述べられている。説明文「『着るロボット』を作る」では、具体的に二つのロボットの事例「マッスルスーツ」と「アクティブ歩行器」を通して、筆者が自らの考えをどのように具現化しているのかが述べられている。「マッスルスーツ」は介護する側のためのロボットであり、「アクティブ歩行器」の事例は「体の不自由な人の歩行を助けるために開発」されたものである。「一方」でつながれているこの二つの事例のつながりとまとめの「このように、『着るロボット』には、自分の体を自分で動かしたいという人の気持ちにこたえたい、心の面でも人を助けたいという願いがあるのです。」との関係について、子どもたちなりに捉え、筆者の見方・考え方・述べ方に対する子どもたちの見方・考え方・述べ方を育てていきたい。また、本教材を読むことを通して、児童がイメージする「ロボット」への思いを転換させ、「着るロボット」に込められた筆者の願いを通して、現代社会の中で生きる人間として、人のために生きるという生き方について子どもたちにも考えを深めさせたい。

今回は、子どもたちがより自分の考えを持てるように、事例の述べ方について「批評読みとその交流」を行っていきたいと考えている。まず、自分の考えを持ち、本文と出会うことで、筆者の事例の述べ方や文章構成という根拠に疑問や批評の視点を持ち、取り組んでいけると考える。そこで、既に学んでいる「どうぶつの赤ちゃん」と「流氷の役わり」を先行情報として出会わせたあとに、「『着るロボット』を作る」に出会わせたい。二つの教材文を関連づけて読むことを通して、筆者の思いに迫り、さらに事例の妥当性などについても考えていくことができると考える。子どもたちが自分の考えをつくる際に、経験や体験をもとにすることで、筆者の事例を身近に感じながら、より実感を持った理解ができると考えている。

(1) 教材内容

・「マッスルスーツ」と「アクティブ歩行器」の二つの「着るロボット」の働きと活用のあり方を読み取り、筆者の主張を捉えることができる。

(2) 教科内容

・筆者の考えが表れている言葉を探しながら読み、どのような事実を理由や例としてあげ、願いや考えを述べているかを読み取ることができる。
・「マッスルスーツ」「アクティブ歩行器」の事例のあげ方を読み取り、二つの事例の関係性について自分なりの考えを持つことができるようにする。
・自分の考えを理由や事例をあげて交流することで、本文への理解を深め、自分の考えを広げたり深めたりすることができる。

(3) 教育内容

現代社会の中で生きる人間にとって大切な人とのつながりや命の尊厳さについても気づくことができる。

2　学習指導計画

第一次　既習学習教材「どうぶつの赤ちゃん」、対比教材「流氷の役わり」を用いて、教材に出会わせるための知識や技能づくりを行う。

第1時　「どうぶつの赤ちゃん」を用いて、自分だったら、どんな結論にするか、考え合う。

第2時　「流氷の役わり」を読んで、自分だったらどんな結論にするか考え合う。

第3時　筆者が自分の言いたいことを言うためにどのような論理展開の工夫をしているかを考え合う。

第二次　「ゆめのロボット・『着る』ロボット」の批評読みとその交流を行う。

第4時　ロボットについての既有知識を引き出すことで、学習への意欲を高める。インタビュー記事を読み、ロボットに対する筆者の考えを読み取る。

第5時　「マッスルスーツ」と「アクティブ歩行器」の事例からわかる筆者の意図を読み取る。

第6時　二つの事例を比べて、筆者の述べ方の工夫を見つけ、結論を読み取る。

第7時　筆者の結論に対して、自分の考えを明らかにし、交流する。

第8時　ロボットに対する筆者の願いと生活の関わりについて考える。

第三次　「私の夢のロボット」について説明文を書く。

第9時　文章の読み取りを生かし、私の「ゆめのロボット」について考える。

第10時　「わたしの『ゆめのロボット』」について考えを整理し、文章に書く。

第11時　「わたしの『ゆめのロボット』」について交流し、感想を伝え合う。

3 批評読みとその交流の実際

本授業においても、第一次での取り組みが主体的・対話的な学びを実現するうえで重要であると考える。三年、四年は教科内容としての知識・技能として、「段落相互の関係を読み取る」力の育成が重要である。しかし、子どもたちはそれまでにこのような学びを経験していないために、戸惑う子どもも多い。また本教材で筆者が出している二つの事例である「マッスルスーツ」と「アクティブ歩行器」の関係を読み取ることはむずかしいと考えた。そこで、本教材と類似の論理構造を持つが、結論部分が存在しない一年教材「どうぶつの赤ちゃん」教材をもとに、自分だったら結論をどう考えるかという学びから入ってみることにした。

このことによって、子どもたちは結論部分を考えるために、必然的に、ライオンとしまうまの記述が比較されていることを知る。読み取りの得意な子どもは、ライオンとしまうまの比較の記述を理解して結論部分をまとめることができる。読み取りがあまり得意でない子どもも、結論を直感的ではあるけれども書くことができる。そして、読み取りが得意ではない子どもは友達の発言を聞きながら、ライオンとしまうまが観点ごとに対比されているから、自分はこんなふうに結論を考えたのだなと事例と結論との関係について学びを深めることができる。

こうして既習教材で、結論と事例との関係を読み取ったうえで、今度は、「流氷のやくわり」（菊池慶一　大阪書籍　平成元年度版）の教材によって筆者の主張部分をまず自分だったらと自分なりに考えさせる授業へと進める。そのうえで、筆者の結論に出会わせ、納得できるかという批評読みとのその交流を行う。本教材は、四年生の子どもにとって既習教材ではないけれども、流氷の悪い点とよい点を比較して結論を述べているので、段落相互の関係を捉えて、結論部分との関係を読み取るうえで適切な教材であると考えた。

すると、子どもたちは、「どうぶつの赤ちゃん」で結論部分を書く学習を行ってきたので、筆者の主張部分と事例との関係を読み取っていった。

そして、こうした学習を第一次に行ったうえでいよいよ「『着るロボット』を作る」の学習に入っていった。

本教材との出会いまでに次のような段階を踏んだ。

① 前半の「マッスルスーツ」について説明した①②③④段落のあとに、結論部分を書くとしたらどのように書くか予想させる。〈ワークシート〈資料1〉〉

② 後半の「アクティブ歩行器」の書いてある部分⑤⑥⑦⑧段落のあとに結論部分を書くとしたらどのように書くかということを予想させる。

③ そのうえで、実はこれから出会う「『着るロボット』を作る」を書いた筆者小林宏さんは、「マッスルスーツ」と「アクティブ歩行器」の事例をこのようにつないで、そして、結論部分を書いているんだけれども、皆さんなら最後の結論をどのように書きますか？という学習を行う。〈ワークシート〈資料2〉〉そして、最後に、筆者の結論部分を出して、この筆者の考えに納得できるかを考えさせたい。〈ワークシート〈資料3〉〉

こうした批評読みとその交流で、子どもたちはどのように学びを形成するだろうか。

授業に臨む際、次のような授業シナリオを構想し、臨んだ。

T　みんなは今まで何を目指して勉強してきたかな。

C　説明文の博士。

T　そうだね。みんなで声に出して言ってみよう。

C　説明文の博士になろう！パート3。

〈資料1〉

「着るロボット」を作る　小林　宏　名前（　　　　）

めあて

このように、

「マッスルスーツ」の例をもとに、この説明文のまとめを書きましょう。

なぜ、このようなまとめにしたのか、友達が納得するようにしょうこ(こんきょ)をあげて理由をのべよう。

東京書籍，平成23年度，P.109写真

T　そう！　今日が最後だよ！　博士として四年一組のパワーを出していこう！　では、勉強していた説明文は何でしたか。

C　「『着るロボット』を作る」

T　筆者は？

C　小林宏さん。

T　そうだったね。小林さんは何をする人だったかな。

C　着るロボットの研究をしている人。

T　そう！　みんなびっくりしてたよね。だって、みんなが思い浮かぶロボットと言えば何だった？

C　ドラえもん。C　おそうじロボット。

T　そうだね。でも小林さんの出していたロボットは？

C　着るロボット。

T　そうでした。では、着るロボットでした。どんなロボットの例が書かれてありましたか。

C　マッスルスーツ。C　アクティブ歩行器。

T　うん！。さて、月曜日の授業のときに、土曜に書いた博士としてこの文章全体のまとめを発表してもらいました。すると、まとめの理由が違っていました。考

〈資料2〉

「着るロボット」を作る　　小林　宏　　名前（　　　　）

めあて

二つの例をくらべて、この説明文のまとめを書きましょう。

なぜ、このようなまとめにしたのか、友達が納得するように、しょうこ(こんきょ)をあげて理由をのべよう。
今日は、「流氷の役わり」の事例の出し方、文章構成を思い出しながらかけるといいですね。

東京書籍，平成23年度，P.108～110

東京書籍，平成23年度，P.110～111

このように、

〈資料3〉

「ゆめのロボット」を作る　　小林　宏　　名前（　　　　）

めあて

小林さんのまとめに納得《なっとく》できるか、自分の考えを友達に納得してもらえるようにしょうこ(こんきょ)をあげて理由を伝えよう。

［説明文］

「着るロボット」を作る

小林 宏 文

はじめ

① わたしは、人間の動作を助ける、「着るロボット」の研究を進めてきました。ここでは、「マッスルスーツ」と「アクティブ歩行器」をしょうかいしましょう。

② 「マッスルスーツ」は、人工筋肉の力を借りて、重いものを持ち上げる動きをするロボットです。自分の力だけを使ったときにくらべて、最大で二倍から

事例①マッスルスーツ

東京書籍，平成23年度，P.108～110

事例②アクティブ歩行器

東京書籍，平成23年度，P.110～111

まとめ

⑨ このように、「着るロボット」には、自分の体を自分で動かしたいという人の気持ちにこたえたい、心の面でも人を助けたいという願いがあるのです。

小林さんのまとめに納得できますか。

納得できる　・　納得できない

自分の考えを友達に納得してもらえるようにしょうこ(こんきょ)をあげて理由を書こう。

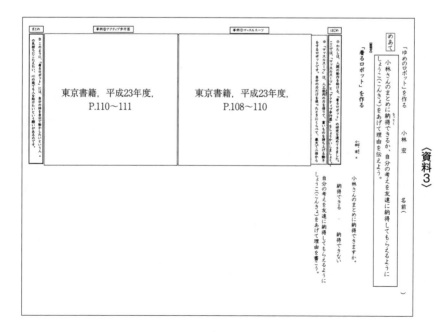

えが分かれました。どんなふうに分かれましたか？

C　マッスルスーツからの事例からまとめを書いている人と、アクティブ歩行器の事例からまとめを書いている人と分かれていました。

C　そういうのに対して、マッスルスーツとアクティブ歩行器両方から書いている人。

T　うん、流氷の役割のまとめを書くときにもみなさんどうしたかというと。

C　二つの事例からまとめを書いた。

C　悪いところとよいところから書いた。

T　うん、では、皆さん、さあ、皆さんが筆者としてまとめを書くとき、どちらか一つだけからまとめを書くのでいいかな、それとも両方必要かな？　みんなの考えを出してください。

C　両方必要です。

T　うん、なるほど、でも、月曜日の発表で先生感心したんだけど、流氷の役割と「夢のロボットの二つの事例はつながり方が違うって言ってくれました。」先生、このみんなの読み取りがすごいと思いました。つながり方が違うということは、流氷の役割のときには、最初の段落で、流氷の何が書いてあった？

C　悪い点。

T　あとは。

C　流氷のよい点。

T　という違いが書かれてあったけど、さあ、では、この二つの事例、マッスルスーツとアクティブ歩行器のこの二つは、つながり方が違うそうです。その違いをみんなで見つけてみましょう。

C　マッスルスーツは、介護をする人のことが書いてあって、アクティブ歩行器のほうは介護される人のことが書いてあって、「流氷の役割」のように流氷という一つのことについて書いているわけではないです。
T　ああだから、流氷の役割とはつながり方が違っているんですね。とすると、まとめはどうなるのだろう。実はね、この着るロボットには、筆者である小林さんのまとめが書いてあります。
C　ええ。
T　実は、こんなふうに結論部分を書いています！（掲示する）みんなで読んでみよう。
C　「このように、『着るロボット』には、自分の体を自分で動かしたいという人の気持ちにこたえたい、心の面でも人を助けたいという願いがあるのです。」
T　だそうです。
C　ううーん。C　え、なんで。
T　みんな、え?っていう人もいるみたいだね。今日の学習は（めあてを掲示）はい、みんなで読もう。
C　「小林さんのまとめに納得できるか、自分の考えを友達に納得してもらえるように証拠（こんきょ）をあげて理由を説明しよう。」
T　みんな、今日は説明文の博士として、友達が納得してもらえるように、証拠をたくさん見つけて理由を出していきましょう。では、さっき小林さんのまとめをみんなに読んでもらったけど、納得できた?
C　納得できた。C　あんまり納得できない。
T　ペアで話してみよう。
T　では、発表してみましょう。
C　私は小林さんのまとめに納得できません。理由は、「心の面でも人を助けたい」とまとめには書いてあるけど、例のどこにも証拠がないと思ったからです。

Ｔ　心の面でもってところを、疑問に思ったんだね。さあどうぞ。
Ｃ　私は小林さんのまとめにちょっと納得しているところがあって、理由は「自分の体を自分で動かしたいという人の気持ちにこたえたい」っていうのは、マッスルスーツでもアクティブ歩行器でもわかるので、そこは納得できる。だけど、「心の面でも」っていうのがどこからかわからない。
Ｔ　さあ、たくさん意見が出てきたね。では、博士の皆さん、今日もたくさん証拠を見つけて自分の考えを書くよ。友達が納得してもらえるような大発見を私はとっても楽しみにしています！（ワークシートを配る）さあ、では一〇分で書くよ！　どうぞ。
Ｔ　みんな今見てたら、たくさん証拠を見つけていいことたくさん書いているね！　すごいなぁ！　では、ペアでまず自分の考えを伝えましょう。
Ｔ　さあ、ではみんなの考えを全員に向けてどんどん伝えよう。
Ｃ　私は小林さんの意見に納得できません。なぜかと言うと、マッスルスーツにもアクティブ歩行器にも、人の役に立つことについては書いてある。だけど、心の面でもっていうのは、アクティブ歩行器には書いてあるけど、マッスルスーツには書いてないので納得できません。
Ｔ　なるほど！　マッスルスーツには心の面について書いてないんだね。だから納得できないんだね。それから？
Ｃ　私も納得できないです。理由は、筆者はマッスルスーツでもっとこんなロボットにしたいという目標を書いていたので、そこがまとめには書いていないから納得できないなと思いました。
Ｔ　まとめには書いていないから、納得できないんだね。
Ｃ　私は少し納得しているところもあります。自分の体を自分で動かしたいという気持ちにこたえたいっていうのは、筆者がマッスルスーツの目標のところでも書いていたし、アクティブ歩行器のところでは、実際に気持ちにこたえられた例がのっているので、このまとめには前の部分は納得できます。

T　そうか！　まとめの前半部分の「自分の体を〜」のところは、目標につながっているんだね！　今、意見を聞いていたら、少し疑問に思ったんだけど、「流氷の役割」で勉強したことも思い出してみて。このときどんな文章構成の秘密に気づいたかな。Ａくんが素晴らしいまとめを考えてくれていたよね。もう一度教えてください。

C　このように、流氷の悪い点もあるけどよい点もあって、だから大切なんだと思いますとまとめを書きました。文章構成の秘密は、よい点と悪い点を対比させているから伝わることがわかりました。

T　そうだったね。この対比させてることとまとめのつながりはみんなが自分たちで発見してくれてたね。それだと、この「着るロボット」では、筆者はこのまとめを書くために、どうしてマッスルスーツが先で、アクティブ歩行器があとなのかな。ペアで話してみて。

T　では、発表しよう。

C　筆者は、より人に役立つロボットを作りたいという願いがあったので、まず最初にマッスルスーツで目標を伝えて、アクティブ歩行器で実際に願いがかなっていったことを強調したかったのではないかなと思いました。

C　筆者はたぶん、マッスルスーツよりもアクティブ歩行器のほうが、より自分の考えに近くて、読んでいる人も驚いて納得できるから、この順番にしたんじゃないかなと思います。

T　なるほど、筆者の願いがより伝わるように、できていないことから、今できていることの順に説明されているんだね。自分たちで文章構成の組み立て、見つける力がもうついているね。すばらしいです！　それならば、最初に自分たちが書いたまとめがあると思うんだけど、自分たちならこの二つの例からまとめをどのように書きますか。

C　このように「着るロボット」は自分だけでなく周りの人たちも笑顔にしなくてはならないロボットなのです。とまとめを書きます。理由は、マッスルスーツでは介護する人と介護される人の両方の立場を助けたいと書いてあって、アクティブ歩行器では、動けた人と、周りの人がうれしなみだをながしていたってところから、周りの人たちも笑顔にするってことがわかったからです。

T　文章構成の秘密をみんなで見つけていってみて、今日はどんな発見がありましたか。

C　今日の学習で、筆者は自分の考えを伝えるために、今はまだできないことがあるロボットと、実際に動かない人を動かせることのできたロボットの順に伝えることで、人の役に立ちたいという思いを伝えたかったんだということがわかりました。

実際の授業では、筆者のまとめでは不足していると強く主張する子どもの意見から子どもたちの教材との真剣な対話が引き起こされ、子どもたちはなぜ筆者は、「マッスルスーツ」と「アクティブ歩行器」の事例をあげたのか、そして、どうして、この順序に並べたのかという「批評読みとその交流」の学びを進めた。

子どもたちが説明的文章を読むとき、本文だけだと筆者はこのように書いているというように表面的にしか読み取ることはできない。しかし、「批評読みとその交流」の学習で、既習の教材などをもとにして読んでいくと、子どもたちは筆者の述べ方には、筆者の見方や考え方、願いが込められているのだというように、表現の裏にある筆者の考えを見いだすことができるようになっていく。このことが子どもにとっては新鮮で、機械的に行われるものと思い込んでいた説明的文章の読みの楽しさに向き合うことができるのも「批評読みとその交流」の可能性であると思った。

（久連松　慧美香・河野　順子）

5 見つめ直そう私たちの身近なもの　筆者の説明に納得できるか？

「見立てる」「生き物は円柱形」（光村図書　五年）

本項では、教材「生き物は円柱形」を読み取るために、「見立てる」をセットで用いた学習者の認識を育てる「批評読みとその交流」の授業を提案する。

1　教材の特性

教材の特性を明らかにし、批評読みとその交流の視点を明らかにする。（次頁の文章構造図参照）

(1)　「生き物は円柱形」

全体の構造は、「はじめ」「なか」「おわり」という説明文の典型的な構造となっている。

まず、筆者は「はじめ」の第①段落において、「さまざまな生き物は多様であるが、見ためが円柱形だという共通性がある」と読み手が驚くような説明をしている。

そして、「なか」の部分は第②〜⑤段落と第⑥〜⑩段落に大きく二つに分けられる。まず、第②〜⑤段落では、円柱形である生き物の事例をあげている。その第②段落では、筆者は「人間が円柱形である」という例をあげている。次に第③段落では、人間以外の生き物の例をあげている。ここでは、まずミミズやヘビ、ウナギなど見た瞬間に円柱形だとわかる生き物の例をあげ、次にネコ、イヌのあしや胴体など、人間の例と同じように部分的に見ると円柱形だと言える生き物の例をあげている。また、さらに植物の木の幹や枝、草のくきの事例もあげ、植物も円柱形であると述べている。円柱形である事例の順序が人間→動物→植物というように、学習者の驚きが増すようになっている。一方、第④段落では、円柱形ではないチョウや木の葉などの事例をあげ、例外もあることを述べている。しかし、第⑤段落でこうした例外も部分的に円柱形であることを伝えている。

「生き物は円柱形」文章構造図

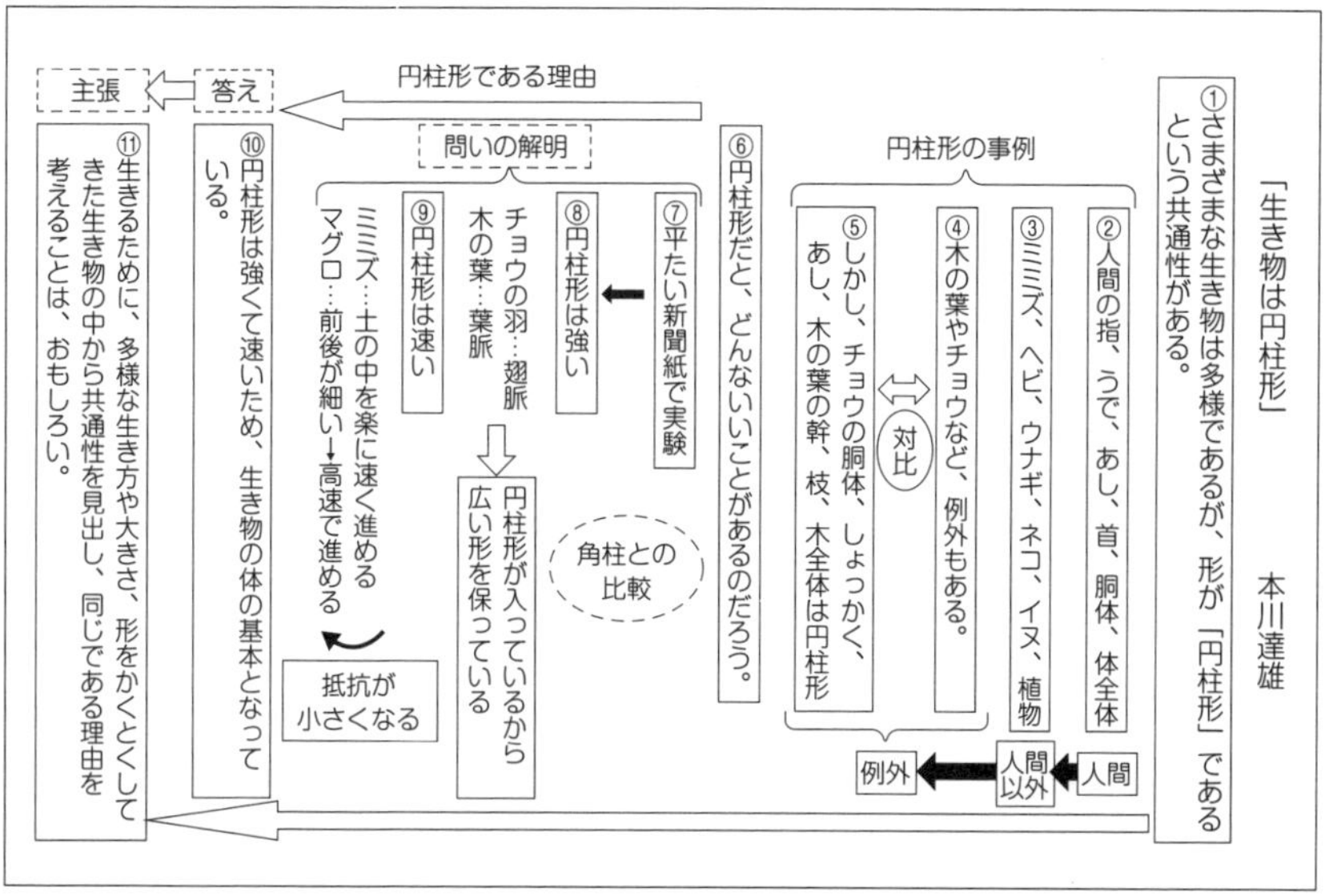

次に、第⑥～⑩段落では、生き物が円柱形である理由を説明している。まず、第⑥段落で、「生き物は円柱形だとどんないいことがあるのだろう」と問いを投げかけている。この問いの解明として、第⑦段落では一枚の平たい新聞紙の実験を通して、円柱形は強い形であるということを述べている。そして、第⑧段落では「円柱形は強い」と断定したうえで、第⑤段落で述べた平たいチョウや木の葉も、実は円柱形の翅脈や葉脈が入っているから広い形を保っていることを明らかにしている。次に第⑨段落では、ミミズの例をあげ、円柱形は強いだけでなく早い形でもあると述べている。また、水の中で生きているマグロの例もあげ、前と後ろが少し細くなっているとさらに抵抗が小さくなり速く進むことができるとつけ加えている。ここで、ミミズからマグロへという順序性によって、主張である「長い進化の時間をかけて、それぞれが独自の大きさや形を獲得してきた」ことに説得力を持たせている。そして、ここまで述べてきたことをまとめているのが第⑩段落である。ここでは「円柱形は強くて速いからこそ、生き物の体の基本となっている」と述べ、「なか」の部分のまとめをしている。

最後に、「おわり」の第⑪段落では、第①段落で述べた考えを、さらに詳しく述べている。ここでは、生き物は独自の多様な生き方をしており、生きるために多様な大きさや形を獲得してきたことを強調している。そして、「多様な生き物の中から共通性を見出し、なぜ同じなのかを考えることはおもしろい」と筆者の考えを述べて終わっている。

以上のように、筆者は「生き物は円柱形である」という自らの認識に基づいて読み手を説得するために、まず円柱形である生き物の事例をあげ、次に例外に対する説明をし、さらに実験を行って生き物が円柱形である理由を説明することで、最後の「生きるために多様な生き方や大きさ、形をかくとくしてきた生き物の中から共通性を見出し、同じ理由を考えることはおもしろい」という主張に説得力を持たせているのである。

このように、本教材は、子どもたちにとって予想もしなかった筆者の見方・考え方が筆者の工夫された論理展開によって述べられている。この筆者によって工夫された論理展開は子どもにとっては初めてであるような複雑な論理展開がなされている。そこで、セット教材である「見立てる」で複雑な論理展開を読み取る学び方を獲得し、この既習での知識・技能を生かした子どもたちの主体的な読みを実現していきたい。

(2)「見立てる」

本教材は、「生き物は円柱形」とセットで掲載されており、本教材で学んだことを「生き物は円柱形」の教材で活用することができるように構成されている。

本教材も「はじめ」「なか」「おわり」という説明文の典型的な構造となっている。

まず、「はじめ」の第①段落において、筆者は「見立てる」とはあるものを別のものとして見ることであり、そこには想像力が働いていると筆者の考えを述べている。

次に、「おわり」の第⑥段落においては、「見立てるという行為を支えている想像力は、私たちを育んでくれ

「見立てる」文章構造図

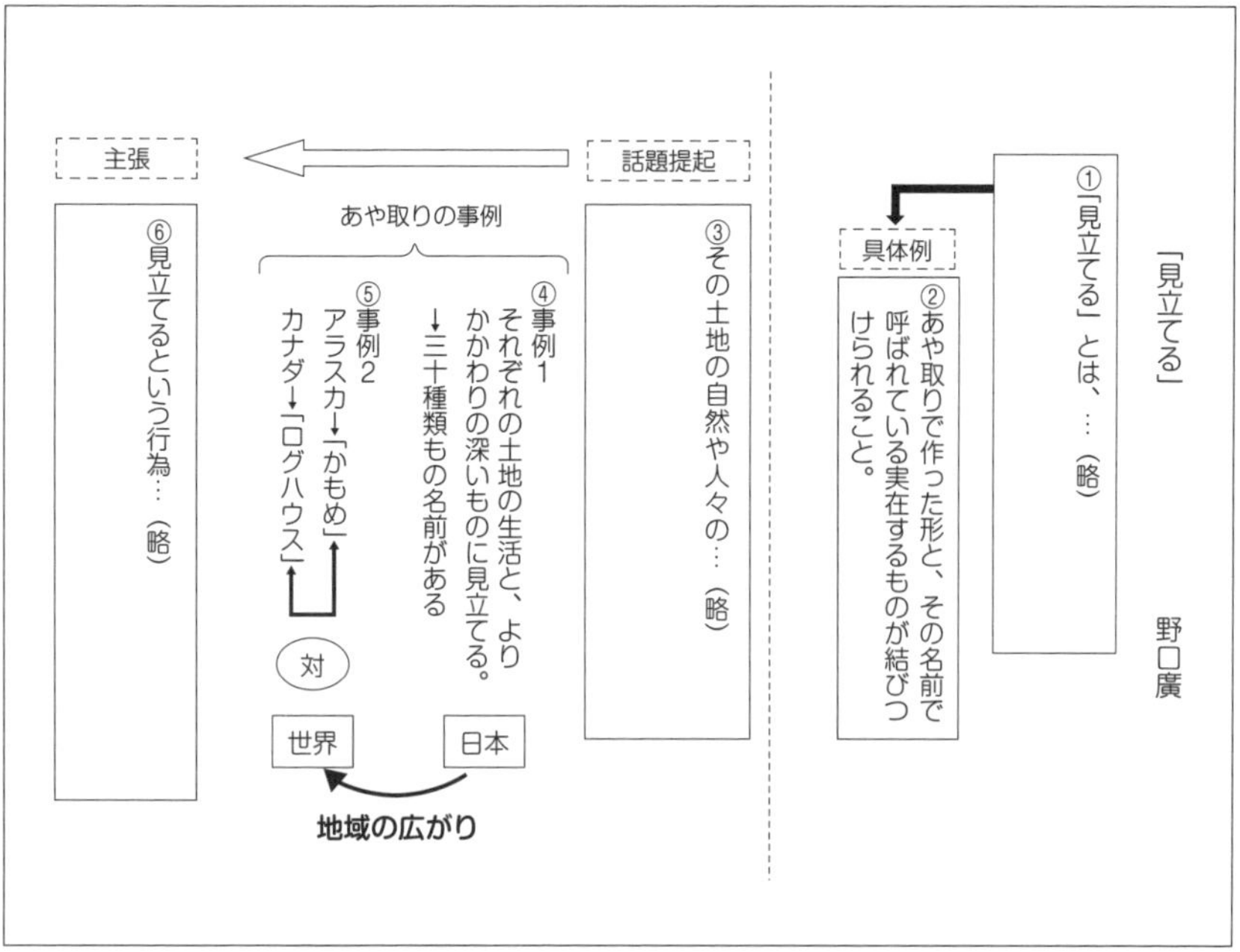

た自然や生活と深く関わっている」という筆者の主張を述べている。この主張に向けて、筆者は次のような事例の論理展開を工夫している。

まず、「なか」の第③段落で「同じ形でも地域によって名前がちがうことがある」と述べ、その理由を「その土地の自然や人々の生活のしかたなどによって、結び付けられるものがことなるからだ」と説明している。そして、第④⑤段落でその事例をあげている。第④段落では、日本のあや取りを例にあげ、「それぞれの土地の生活と、よりかかわりの深いものに見立てられた結果、写真①は三十種類ものちがう名前がある」と説明している。そして、第⑤段落では、世界のあや取りを例にあげ、「写真②は、アラスカでは『かもめ』と呼ばれているが、カナダでは『ログハウス』と呼ばれている」と述べており、二つの国を対比していることが分かる。ここで、筆者の主張である「想像力は、私たちを育んでくれた自然や生活と深く関わっている」ということを言うために、第④段落では、日本という地域の例をあげる、第⑤段落では、アラスカやカナダなど世界まで視野を広げて例をあげている。このように、日本から世界へと地域を拡大して事例を並べているからこそ、筆者の主張がより説得力を増すようになっているのである。

2 「批評読みとその交流」の構想

では、「生き物は円柱形」の筆者の見方・考え方・述べ方で「批評読みとその交流」はどのように構想されるであろうか。私は次のように考える。⑪段落で述べられている「多様な生き物に囲まれているからこそ、わたしたちのくらしはにぎやかで豊かなのだ」という筆者の考えが飛躍しているということである。確かに、筆者は⑪段落の主張に説得力を持たせるために、前述してきたような様々な工夫をしている。しかし、この「わたしたちのくらしがにぎやかである」という考えは、⑪段落で突然述べられており、筆者が⑩段落までに述べてきたこととはつながりが薄いと考えられる。したがって、この考えは論理が飛躍しているので、この点こそを「批評読みとその交流」の授業として提案したい。

これらの観点を踏まえて、私が学習者につけたい力を以下のように提案する。

(1) 教材内容

・生きるために多様な生き方や大きさ、形を獲得してきた生き物の中から共通性を見いだし、同じである理由を考えることはおもしろいという主張を読み取ることができる。

(2) 教科内容

・「生き物は円柱形である」ことを述べるために、人間や動物、植物など様々な生き物の事例だけでなく、例外も説明するとともに、「円柱形は強くて速いため生き物の体の基本となっている」と生き物が円柱形である理由も述べることで、多様な生き物の中から共通性を見いだし同じ理由を考えることはおもしろい、という主張を伝えているという論理展開を読み取ることができる。

(3) 教育内容

・生き物は多様だが、形が円柱形という共通性がある理由を知ることを通して、自分の身の回りにいる生き物や自然には全て意味があることに気づくことができると共に、生きるために独自の形や大きさ、生き方をしている生き物の不可思議さを自分なりに捉えることができる。

では、本教材において学習者の認識を育てるために、どのような指導過程のもと、どのような手立てが必要なのだろうか。次節で考察していく。

3 学習指導計画

本項では、「見立てる」と「生き物は円柱形」の教材を用いた指導過程の提案を行う。その際、学習者が教材と出会った際に、葛藤が起きるように教材との出会わせ方を工夫すると共に、学習者が教材との対話、他者との対話、自己内対話を繰り返しながら新たな認識を形成することができるように手立てを工夫する。そこで、私は以下の指導過程を提案する。

第一次 「見立てる」の読解／批評読み

第1時 第⑤段落を省いた文章と全文を比較し、筆者が主張に説得力を持たせるための工夫を批評する。

第二次 「生き物は円柱形」の読解／批評読み

第1時 第①②段落と⑪段落を提示し、人間以外に円柱形である生き物を探す。

第2時 「生き物は円柱形」であることを述べるためには、第②段落の人間の事例以外にどんな事例をあげたらいいのかを考え、交流する。

第3時　「生き物は円柱形」を読み、前時で自分なりに考えた事例と筆者の事例を比較し、筆者の事例の取り上げ方や順序の工夫を批評する。
第4時　第④⑤段落のような円柱形ではない例外も書く必要があるのかを考える。
第5時　第⑪段落と第①〜⑤段落を関係づけ、筆者の主張に納得できるかを考え、自分なりの考えを見いだす。
第6時　全文を読み、筆者が主張に説得力を持たせるための工夫を検討し、自分なりの考えを見いだす。
第三次　批評文書き
第1時　筆者のものの見方・考え方、述べ方について批評文書きを行う。
第2時　前時で書いた批評文を交流し合う。

(1)　第一次の学習活動

第一次では、「見立てる」の筆者の主張を読み取ると共に、筆者が主張に説得力を持たせるための工夫を批評させたいと考える。セット教材で設定された教材の読み取りにも「批評読みとその交流」を行うことが子どもたちの主体的で対話的学びの実現に重要であると考える。ここでは、まず二つのあや取りの事例のうち、「世界でもあや取りの形に付けられた名前が異なること」の事例が書かれている第⑤段落を省いた文章を提示し、筆者の主張に説得力があるかを考えさせる（一一三頁参照のこと）。その後に、第⑤段落も加えた文章を提示し二つの文章を比較させたいと考える。それによって、筆者の主張に説得力を持たせるためには、日本だけでなく世界のあや取りの事例もあげたほうがよいことに気づかせたい。また、その事例の順序も、日本から世界へと地域の広がりがあることを筆者の工夫として捉えさせたい。

生き物は円柱形

本川 達雄 文　平田 利之 絵

①地球には、たくさんの、さまざまな生き物がいる。…（略）

一、③段落の主張を言うために、どんな事例を挙げたらいいかを考えて、ふせんに書きましょう。

二、書いたふせんの中から、どの事例をどんな順序で並べるかを考えましょう。

③生き物は実に多様である。…（略）

(2)　第二次の学習活動

第二次では、前次で学習した主張に説得力を持たせるための事例の取り上げ方や順序の工夫を批評する技能を活用させたい。そのために、前次と同様に「生き物は円柱形」の教材も、はじめから全文を提示するのではなく、一部ずつ提示したいと考える。こうする理由は、学習者の既有の知識・技能を子どもたち自らが引き出せる条件的知識を活発に引き出すことができるようにするためである。さらには、教材と出会った際に学習者の内に「筆者はなぜこのように書いているのだろう」というような葛藤を引き起こすためである。この葛藤を引き起こすことで学習者は自己内対話を行いながら深い学びとしての「対話」を引き起こすことができる。

そこで、第1時では筆者が「生き物は円柱形である」と述べている第①段落と、生き物は円柱形であることを述べるために人間の例をあげて説明している第⑪段落と、筆者の主張が書かれている第②段落のみを提示する。

すると、学習者は前次の「見立てる」の学習を想起し、「事例は人間だけでいいのだろうか。『見立てる』のように他の事例も必要なのではないか」と感じるであろう。つまり、学習者は筆者との間で葛藤するのである。

こうして学習者の内に葛藤を引き起こしたあとに、第2時では、前頁のワークシートを用いて、人間の例の他にどんな事例をどんな順序であげるとよいかを考えさせる。

このワークシートに記入したあとは、それぞれが考えた事例を他者と交流させる活動を取り入れたい。なぜなら、他者との交流によって学習者は自分一人では考えつかなかったことに気づくことができたり、他者の意見を取り入れて自分の考えを再構成できたりするからである。

次に第3時では、筆者が第③段落であげている人間以外の事例と出会わせ、学習者自らが考えた事例と筆者の事例を比較させたい。ここでは、前時で自分なりに円柱形である生き物の事例を考え、他者と話し合っているからこそ、教材と出会った際に、より筆者の事例のあげ方や順序を批評的に読むことができると考える。筆者の事例と出会ったときの学習者の反応として考えられるのは、「筆者はなぜこの事例をあげたのだろう。事例の順序にはどんな意味があるのだろう。」などである。

次に第4時では、第④段落や第⑤段落のような円柱形ではない例外も書く必要があるのかを考えさせたい。その際、例外が必要だと考える学習者と必要でないと考える学習者とで、交流させたいと考える。そうすることで、学習者は例外があることの意味を主体的に考えることができ、筆者が例外を書くことで主張をより強固なものにしようとしていることに気づくことができるであろう。

次に第5時では、筆者の主張が述べられている第⑪段落と第①~⑤段落を関係づけ、筆者の考えに納得できるかを考えさせたい。ここでは、第①~⑤段落に書かれている円柱形の生き物の事例だけで、⑪段落で述べているることが伝わるかどうかを批評させるのである。

「見立てる」と「生き物は円柱形」は、主張を述べるために事例をあげて説明している点で同じであるが、「生き物は円柱形」では、それに加え円柱形である理由までも述べている点が大きな違いである。したがって、この第5時の段階で円柱形である理由を提示していない第二教材は、「見立てる」と同様であるため、学習者によっては、「筆者は『見立てる』と同じように事例をあげているから納得できる」と考えるかもしれない。しかし、どこか納得できないと感じる学習者もいると考えられる。

ここでは、⑪段落の中でも特に「長い進化の時間をかけて、それぞれが独自の多様な生き方をするようになり、多様な大きさや形をかくとくしてきた」という表現や、「生き物をおそれ、うやまう気持ちを抱かずにはいられない」という筆者の考えに対して、学習者は第①～⑤段落だけでは納得できないと感じるであろう。

最後に第6時では、「生き物は円柱形」の全文を読ませ、前時までに学習してきたことをもとに、筆者が主張に説得力を持たせるための工夫を検討させ、それぞれの学習者が自分なりの考えを見いだすことができるようにしたい。ここでは、筆者が「生きるために多様な生き方や大きさ、形をかくとくしてきた生き物の中から共通性を見出し、同じ理由を考えることはおもしろい」という主張に説得力を持たせるために、円柱形が生き物の体の基本となっている理由の述べ方の工夫を読み取らせたいと考える。その際、筆者の述べ方の工夫は主張に説得力を持たせるものとなっているかを考えさせたい。

そして、最終的には学習者が「生き物」に対する自分なりのものの見方・考え方をすることができるようにしたい。この活動は、第三次で学習者が批評文を書くための前段階でもある。

(3) 第三次の学習活動

第三次では、学習者の認識を育てるために、前時までの批評読みの活動を通して、批評文書きを行わせたい。そして、それぞれの学習者が書きあげた批評文を他者と交流させたいと考える。

（酒井 優麻）

6 「天気を予想する」（光村図書　五年）

1　学習材について

本教材「天気を予想する」は、気象予報士である筆者が、天気を予想する方法について述べた小学校第五学年の説明的文章教材である。筆者は、一〇段落で、「自身で空を見、風を感じることが大切」であると主張している。そして、この主張に向けて、次のように三つの問いを連続的に出す論理展開となっている。

まず、一つ目の問い（一～三段落）では、主張とは対比的に、天気予報の的中率が高くなってきたという科学の成果について述べている。しかし、二つ目の問い（四～六段落）では、突発的・局地的な天気の変化への対応は難しいと、科学の限界を示している。三つ目の問い（七～九段落）では、科学とは反対に、人の感じ方や先人の知恵が有効であることを述べることで、主張へとつなげている。また、問いの答えを述べるうえでは、写真や図で説明を補足したり、表やグラフで科学的な根拠をあげながら説明したりするなど、非連続型テキストを活用することでわかりやすく説得力のある文章としている。そこで、本実践の目標を、教材内容、教科内容、教育内容の三点より以下のように定めた。

(1)　教材内容

・科学的な天気予報を一つの有効な情報として活用しながらも、自分でも天気に関する知識を持ち、自身で空を見、風を感じることが大切であるという筆者の主張を読み取ることができる。

(2)　教科内容

・非連続型テキスト（写真や図、表・グラフ）を使って、根拠をもとにわかりやすく説明する書き方を理解することができる。
・問いと主張を関係づけながら読むことで、一つ目の問いを主張とは対比的に述べ、三つの問いを連鎖させることで主張が強調されているという論理の展開を読み取ることができる。

(3) 教育内容

・身の回りの自然と人間の関わりにおいて、科学技術が発展した現代でも、決して科学は万能ではなく、人の感じ方や経験、先人の知恵などが必要であることに気づくことができる。

2 本実践における「批評読みとその交流」のポイント

「天気を予想する」は、児童にとって身近な天気予報を話題としている。しかし、科学技術が発展し、天気予報を見ることが当たり前となっている現代において、筆者の主張は児童にとって納得しづらいものである。また、本教材は、大きな問いに対して答えがあった既習教材とは異なり、問いに対する答えを述べる中で新たに問いが生まれ、筆者の主張へと近づいていく。しかも、筆者は、主張とは反する科学的な成果の例をあえて取り上げている。児童は、問いが三つあることに気づいても、それらのつながり、さらには主張との関係性に気づくことは難しいと考えられる。しかし、こうした論理展開にこそ、筆者の見方・考え方が表れており、その読み取りなくしては、新たな見方・考え方・述べ方を獲得していく学びは引き起こせない。

そこで、本実践では、問いの順序性や、主張とは対比的に述べた問い1の必要性について、実際に問いを並び替えたり省いたりしながら吟味し、考えを交流し合う授業が展開された。このように批評読みで吟味していくことで、児童が筆者の見方・考え方と対峙し、自己の見方・考え方・述べ方を作り変えていくことが目指された。また、児童が単元を通して課題意識を持続させることができるように、「説明文の達人になろう」という単元目標のもと、説明文を書くための「秘伝の書」を作るという言語活動が設定された。
本稿は当時熊本市立田迎小学校の尾崎尚弘先生（現・熊本市立壺川小学校）の実践をまとめたものである。

3 学習指導計画

第一次　学習の見通しを持たせる。

・自分たちの学校の体力テストの結果を見て、最終ゴールとして五年生に「体力を高めよう」という説明文を書くことを決め、単元の見通しを持つ。

・「説明文の達人になろう―筆者の主張を伝えるために、わかりやすく、説得力のある文に―」という単元目標を設定し、説明文を書くための「秘伝の書」を作成するという毎時間の見通しを持つ。

第二次　「天気を予想する」の読解を行う。

第1時　図や写真を用いた説明の方法を考え、「秘伝の書」にまとめる。

第2時　表やグラフを用いた説明の方法を考え、「秘伝の書」にまとめる。

第3時　問いと答えを整理し、各段落の要点を押さえる。

第4時　問いと主張のつながりを考え、文章構成を把握し、「秘伝の書」にまとめる。

第5時　学んだことと筆者の要旨のつながりを考え、「秘伝の書」にまとめる。

第三次　「体力を高めよう」という説明文を書く。

・体力テストの結果の資料より、説明文に書く事例を選ぶ。

・「秘伝の書」をもとに、どのように書くか交流しながら説明文を書く。

4 授業の実際

(1) 自分たちの生活の中から単元目標を立ち上げる

第一次で、教師は、「T小学校の体力は上がっているか、いないか。」と問いかけた。このとき多くの児童は、体力は上がっていると述べた。その後、教師は、体力テストの結果をもとに、体力が下がっている児童の実態を示し、運動不足の原因など、体力に関する様々な児童の生活の問題を引き出していった。児童は、思わず「えっ？」と呟くなど、驚きを隠せない様子であった。つまり、このとき児童は、思ってもいなかった自分たちの生活の実情と出会っていったのである。こうして、教師は、「体力を高めよう」という説明文を書くことを、第三次の単元の最終ゴールとして設定していった。このように、「体力の低下」という、思ってもいなかった自分たちの生活の問題を出発点としたことで、説明文書きが「なんとか伝えたい。」という切実な場として立ち上がっていった。これが、「天気を予想する」の読み取りを、第三次に向けて切実にしていくのである。

そして、さらに教師は、児童に次のような文章に出会わせた。

体力を高めよう　　5年3組　尾崎弘尚

近年、田迎小学校の体力が下がってきています。

なんとか、みんなで、田迎小学校の体力を向上させていきましょう。

これは、主張しか述べられていない説得力に欠ける説明文である。教師がこの説明文で本当に伝わるかどうかを問うたところ、児童は、それまでの学習経験や意見文を読んだ経験をもとに、「これでは伝わりにくい。」「本当に体力が下がっているかわからない。」と述べていった。しかし、その後、教師が「説得力のある説明文にするためには、どのようにすればいいだろうか。」と問いかけると、児童は考え込んでしまい、明確に答えられる児童はいなかった。こうした教師の手立てによって、「説明文をどのように書けばよいのかわからない」

という、伝える方法（書き方）に向けた問題意識が生まれたのである。以上を経て、「説明文の達人になろう―筆者の主張を伝えるために、わかりやすく、説得力のある文に―」という単元目標が、児童の側から立ち上がった。さらに、この目標の達成に向けて、毎時間、説明文を書くための「秘伝の書」を作るという言語活動を設定し、第三次に向けて課題意識を持ち続け、筆者の書き方の工夫を読み取っていくことができるようにした。

(2)「批評読みとその交流」で筆者の論理展開を読み取る

筆者の論理展開を読み取っていくためには、問いと答えの関係や主張との関係を捉えていくことが必要となる。本実践では、まず、三つの問いとその答えをワークシートに書き出し、各段落の要点を把握していった。その上で、「三つの問いは、なぜこの順序なのか。」という課題が出された。このとき教師は、「問いの順序は逆でもいいのではないか。」と揺さぶり、次のような問いと答えが書かれたカードを並べ替えながら、児童に考えさせていった。

天気の的中率は高くなっている。
・科学技術の進歩
・国際的な協力の実現

的中率が百パーセントになるのは、むずかしい。
・突発的な天気の変化
・局地的な天気の変化

予想する手立てはある。
・(手立て一) 自分で空を見、風を感じる。
・(手立て二) 天気に関することわざも有効

このとき、多くの児童は、ごく一部の表現や、一つの問いと答えの関係だけに着目して説明しようとしていた。しかし、問いと主張との関係には着目できていなかったため、次第に考え方に矛盾が生じ、問いの順序を上手く説明することができなくなっていった。そこで、教師は、まず筆者の主張に着目させ、その意味を考えさせた。そのうえで、「一〜三段落（科学の成果を述べた部分）は要らないのではないか。」と揺さぶっていった。すると、全体で次のような考えが出された。

景人　最初に的中率が百パーセントになるのは難しいといきなり書かれても、最初の問いかけがないとあんまりわからないから、一〜三段落は必要だと思います。

Ｔ　なるほど。他に何かあった人？

理沙　天気の的中率は高くなっているという正反対のことを出して、でも、正反対だからと言って、その、百パーセント当たるわけではないから、予想する手立てはあるのかということを聞いて……。

Ｔ　正反対ってどこが正反対なの？

理沙　天気の的中率は高くなっていることと、予想する手立てで自分で見ること。

Ｔ　そうだよね。でも逆のことをなんでわざわざ書いたの？

達樹　的中率がどんなに上がっても積乱雲とか、急に雲の動きが変化したりするから、天気予報は百パーセント当たるわけじゃないから、自分でも心がけて、注意して空を見る（ことが必要）。

Ｔ　あ〜。内容に触れて言ってくれたわけだね、達樹くんは。（中略）さっき、そこの班も逆がなんとかって言ってたよね？

明彦　まず、いきなり予想する手立てはあるとかの問いとかが出ても、全くそれに見ている人（読者）が乗れないから、あえて真逆の問いにして、的中率が百パーセントになるのは難しいと話題を変えて、予想する手立てに近づけさせているから、こういう順番にしたと思います。

Ｔ　なるほど。ちなみにそれをするよさは何なの？

明彦　的中率……あ、見ている人（読者）に、わからせるということも真逆でもできるし、覚えさせることもできるから。どっちもできるから。

主張に着目させたことで、児童は、「天気の的中率は高くなっているという正反対のことを出して」と、問い1が主張とは対比的に述べられていることを捉えていった。そして、「逆のことをなんでわざわざ書いたの？」という教師の発問に対し、「あえて真逆の問いにして、的中率が百パーセントになるのは難しいと話題を変えて、予想する手立てに近づけさせている」と、主張に向けて問いを連続的に出している述べ方に気づいていった。このように、問いの順序は逆でもいいのではないかと、「批評読みと交流」を行ったことで、一部分の表現や、一つの問いに着目するだけでは説明できないという限界に気づかされ、論理展開を読み取っていくことができたのである。

さらに、教師は、既習教材「生き物は円柱形」をもとに次のように進めていった。

T　あーありがとうございました。逆のことを出すってみんな言ったけど、「生き物は円柱形」覚えてないですか、皆さん？

C　あ～。覚えてます。

T　生き物は全て円柱形だよって言ってる中に、あれ、別のがあるよって言ってなかった？　何だったっけ？

C　蝶の羽。

C　葉っぱ。

T　そう。あの例は何で出したの？

C　全部円柱形かっていうと……。

優子　読者が……。
T　優子さんどうぞ。読者が？
優子　みんな円柱形って言って、蝶とかを出してなかったら、読者が、「じゃあこれ円柱形じゃないじゃん。」みたいな感じで思うから、あえて説明して、でも円柱形なんですって言った。
T　なるほど。逆のことを言うことで、自分が言いたいことをより詳しくしているってことね。
C　あ〜。
彩　強くする。
T　強くする。あーなるほどね。

教師は、「生き物は円柱形」の事例のあげ方が、あえて円柱形ではない生き物をあげ、その中にも実は円柱形が含まれていることを述べることによって、生き物が全て円柱形であることを強調しているという事例のあげ方になっていることを、学習者に振り返らせながら押さえている。これによって、児童は、優子や彩のように、対比的な事例をあげることで主張が強調されていることを読み取り、「秘伝の書」にまとめていくことができた。

(3) 生活経験と結びつける

次の記述は、第二次第5時での良太という児童の記述である。

文章をより分かりやすく伝えるために問いや自分のいいたいことの逆をいって伝えたいことをどんどん近づけていた。この単元でぼくは自分で空を見ようと思った。いつも新聞やテレビの情報をたよりにしていたけど、こんどからは自分で天気を感じたい。

良太は、「天気を予想する」初読後は、「天気予報の的中率が以前に比べずいぶんと的中するようになったのがすごい。」と記述し、「僕は、機械やコンピューターがあるから、人は予想はしなくてもいいと思う。」と発言していた。しかし、読解後には、今までの自分を見つめ直し、「こんどからは自分で天気を感じたい。」と記述している。

良太がこのように見方・考え方を変化させることができたのは、「批評読みとその交流」によって、筆者の論理展開を実感的に読み取ったからである。しかし、良太は、元々説明的文章の読みが得意なほうではなかった。そこで、次のような教師の働きかけが有効であった。

T　みなさん。例えばさ、野球の試合でさ、決勝戦、とても大事な試合だと。自分が応援してるチームがずっと勝ってて「やったー、優勝だ。」というのとさ、ずーっと負けてて最後に大逆転するって？

C　あ～。そっちのほうがいい。

T　どっちが感動する？

C　負けてて大逆転したほう。

T　ね。負けてて大逆転するって、そっちのほうが何か「うわっ」っていう驚きもあるしさ、読んでて楽しい。「天気を予想する」も、あえて最初、的中率が高くなるんだよと言って、でも空を見ようと言うために、あえて逆のことから始めたんだね。

教師は、児童が読み取ったことを生活での出来事に例えながら、論理展開の効果を押さえていった。このとき、良太も深く納得し、「あー。」とつぶやいている様子が見られた。筆者の述べ方を吟味する中で、生活経験と結びつけて読み取っていくことによって、筆者の主張が実感的に読み取れ、見方・考え方が変化していったのである。

(4)「秘伝の書」作りを通して知識・技能を自覚する

本実践では、毎時間の授業の終末に「秘伝の書」への記入が行われた。「秘伝の書」に整理していった内容とは、本実践で児童に身につけさせたい知識・技能と結びつけられた、次の三点であった。

・写真や絵・図を、文章に合ったところで使って書く。
・表やグラフを示し、根拠として数値を挙げながら説明する。
・問いを出したり、対比を用いたりして、主張を引き立てるように文章構成を工夫する。

本実践では、これらを教師がまとめるのではなく、児童一人一人に自分の言葉でまとめさせていった。この毎時間の言語活動が、書き方に対する問題意識を第三次まで継続させると共に、「批評読みとその交流」を通して発見した書き方の工夫を自覚していく振り返りの場となった。実際に、児童は次のように「秘伝の書」にまとめていった。

ここでは、「使い方」と「良さ」(使・良)という二つの視点からまとめられている。つまり、児童は、実感的に読み取っていったことを、自分たちが実際に第三次で説明文を書くときにどのように書くのか(使い方)、なぜそのような書き方をするのか(良さ)を、具体的に考えていくことになった。こうして児童は、「秘伝の書」をもとに第三次で説明文を書き上げていった。

本実践では、批評読みを通して自分の見方・考え方・述べ方を作り変えながら知識・技能を身につけ、それを主体的に活用していった児童の学びを見ることができた。授業の中では、問いの並び替え活動や教師の揺さぶり発問、生活経験の引き出し、「秘伝の書」の

〈秘伝の書〉

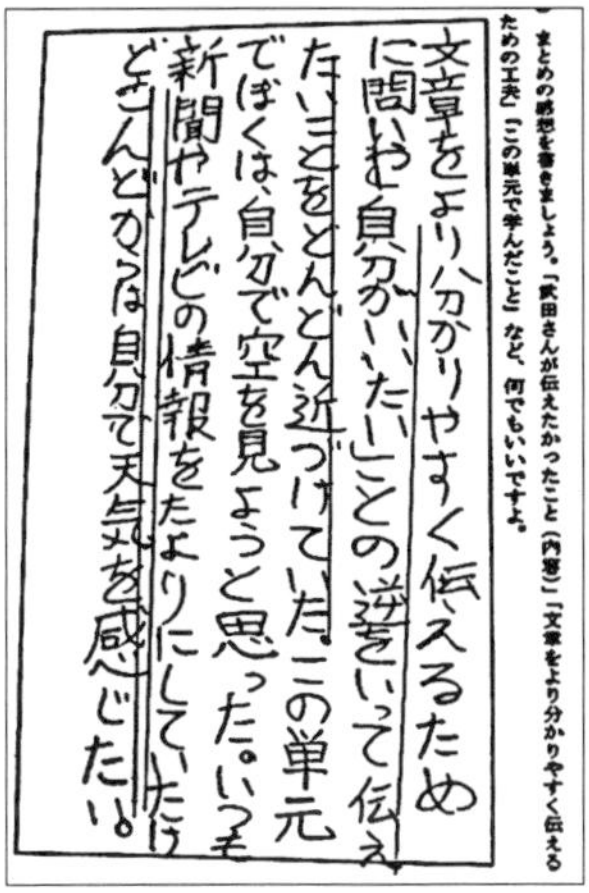

まとめの感想を書きましょう。「武田さんが伝えたかったこと（内容）」「文章をより分かりやすく伝えるための工夫」「この単元で学んだこと」など、何でもいいですよ。
文章をより分かりやすく伝えるため
に問いや自分が「いいたい」ことの逆をいって伝え
たいことをどんどん近づけていた。この単元
でぼくは、自分で空を見ようと思った。いつも
新聞やテレビの情報をたよりにしていたけ
ど、これからは自分で天気を感じたい。

記入など、様々な工夫が行われていた。特に本実践では、児童の生活の問題を出発点とすることで、第三次の説明文書きを切実な場として立ち上げていた。このような単元構成のデザインがあってこそ、教材文の読み取りが切実になり、児童は筆者の見方・考え方・述べ方にじっくりと向き合い、吟味し、自分なりの見方・考え方・述べ方を獲得する読みができていくのである。

また、本実践でも見られたように、根拠を明らかにし、理由づけを他者と交流する言語活動の充実や、一人の対話者として児童に問い返し、揺さぶっていく教師の対話的な関わりは、批評読みを進めるうえでも欠かせないと考えられる。尾崎教諭の実践に学びながら、日頃の授業の中でも、児童が生活に生きて働く力を育てることのできる実践を模索していきたいと感じる。

（中原　佑輔）

7 「ゆるやかにつながるインターネット」（光村図書　五年）

説明のスペシャリストになろう！

1　はじめに

高学年になると子どもたちが出会う説明的文章の論理構造はますます複雑になってくる。こうしたとき、理論編で述べたように子どもたちの中に既習学習で獲得した条件的知識が有効に機能していくことこそが重要であるが、どの子もがそのようになっているとは限らない。そこで、子どもたちの主体的、対話的な学びを引き起こすために、教師の側が子どもたちの中に既習学習が働くことができるような学びのデザインを行っていきたい。本項では、河野と尾崎の協働研究によって行った一つの授業提案を、条件的知識の育成の観点から述べていくことにする。

2　教材の特性

本教材は六〇頁に文章構成図をのせているように、①②段落で、「インターネットを通じて人と人とがつながるとは、どのようなことなのか、考えてみましょう。」と話題提示文によって、③段落で、人と人とのつながりには、「強いつながり」と「ゆるやかなつながり」があることが明示され、以下、結論部分の⑩段落「インターネットがもたらした、新たなゆるやかなつながりが、どんな可能性を、わたしたちに、そして社会にもたらしてくれるかは、わたしたちがそれをどう使い、人とのつながりをどのように大切にしていくかにかかっているのです。」という結論を目指して、以下のような論理展開が「なか」の④から⑨段落で述べられている。

まず、④から⑦段落で「インターネット」の「ゆるやかなつながり」の良さが述べられ、⑧⑨段落でインターネットの「ゆるやかなつながり」のあやうさが対比され、結論が出されている。しかし、高学年の説明的文章の特色として結論部分が明快に筆者の考えが出されてはいない。ここが、子どもにとっては筆者はいったい何を言いたいのだろうと筆者の考えを明確に捉えにくいと考えている先生方の声をよく聞く。しかし、それだからこそ、筆者の見方・考え方・述べ方に対して、子どもなりの見方・考え方・述べ方を形成する「批評読みとその交流」に適した教材であるとも言うことができる。

(1) 教材内容

⑩段落の結論部分と筆者が出している二つの事例であるインターネットの「ゆるやかなつながりの良さ④⑤⑥⑦」と「ゆるやかなつながりのあやうさ⑧⑨」を比較することによって筆者の主張を読み取ることができる。

(2) 教科内容

・インターネットのゆるかなつながりについて④⑤⑥⑦段落を読み取り、筆者の言いたいことを読み取ることができる。

・⑤⑥段落の二つの事例を読み取り、⑦段落のことを言うための事例の順序性の論理について自分なりの考えを持つことができる。

・⑧⑨段落を読み取り筆者の言いたいことを読み取ることができる。

・④から⑦段落のインターネットの「ゆるやかなつながりの良さ」と⑧⑨「ゆるやかなつながりのあやうさ」を比較して、筆者の結論⑩段落についての自分なりの考えを述べることができる。

(3) 教育内容

インターネットをはじめ、ネットの良さと危うさを捉えて、ネット社会におけるインターネットなどの使い方について自分なりに考えを持つことができる。

3　学習指導計画

第一次　説明的文章のスペシャリストになろうという単元目標を明示し、既習教材を用いて、筆者が結論部分を言うためにどのような事例を出し、その論理展開を工夫しているか、その秘密を解き明かす。

第1時　三年生教材「すがたをかえる大豆」で結論に向けて、筆者は自分の主張を言うために論理展開を工夫していることを理解する。

第2時　四年生教材「アップとルーズで伝える」を用いて、筆者は主張を言うために論理展開を工夫していることを理解する。

第二次　「ゆるやかにつながるインターネット」に出会い、「批評読みとその交流」を行う。

第1時　①〜⑦段落に結論部分（⑩段落）をつけくわえた文章に対して、筆者の結論部分に納得できるか「批評読みとその交流」を行う。

第2時　「ゆるやかにつながるインターネット」全文を読み、結論部分の⑩段落に納得できるか「批評読みとその交流」を行う。

第三次　説明的文章のスペシャリストとして、「ゆるやかにつながるインターネット」の筆者の論理展開の工夫について批評文を書く。

4　授業の実際

ここでは、批評読みとその交流を、子どもたちが主体的に、そして、深い対話が生成されるように次のような段階の授業デザインを考えた。

(1)　第一次での既習教材での学びのデザイン

本授業は飛び込みで行った。そこで、第一次を河野が担当し、第二次を尾崎が行った。第一次の最初の授業は、次のようにして開始した。

なぜ筆者は説明的文章を書くのだろうか？

C　伝えたいことがあるから。

C　みんなに知ってほしいことがあるから。

T　伝えたいこととか、知ってほしいことがあるから筆者は文章に工夫をしているんだね。

T　では、三年生で勉強した「『すがたをかえる大豆』にはどんな工夫があるのだろう。」筆者の文章構成の工夫を探ることが「スペシャリスト」だよ。

ここで、理論編に書いてあるように結論部分へ向けて自分だったらどのような順番で九つの事例を並べるかという活動を行った。そのあと、子どもたちからどんどん疑問が生み出された。この子どもたちは五年生なので三年生のときに既に「すがたをかえる大豆」の授業はしているはずなのに、三年生と同様な疑問が子どもたちから生み出された。そこで、教師は、

T　今日は、Sくんから出された疑問「なぜ⑥なっとう・みそ・しょうゆ」は、⑤とうふよりもあとの事例になっているのだろう？について考えを深め合いましょう。⑨「大豆のよいところに気づき、食事にとりいれてきた昔の人々のちえにおどろかされます。」を言うために、⑤とうふ⑥なっとう・みそ・しょうゆの順序のほうがよいか、悪いか？

という「批評読みとその交流」を導入した。その結果、子どもたちからは次のような考えが出されていった。

悪いと考えた子どもは、

Ｃ　なぜ悪いかと言うととうふは大切なえいようだけ出して違う食品にしているしいろいろと手を加えているから納豆よりあとがいいと思います。でも納豆はむした大豆にナットウキンを加えて一日近くおくだけだからとうふよりかんたんにできるから納豆が先がいいと思いました。

と述べている。それに対して、「筆者の事例の順序でよい派」の子どもたちは次のように答えていった。

Ｃ　なぜかと言うと、とうふは水をたくさんすいこませた大豆をすりつぶすと白っぽいしるが出てきます。この白っぽい水を加えて熱します。その後、布を使って中身をしぼり出し、かためるためにニガリというものを加えます。とうふはこのようにして七回もの工夫をしてできているけど、納豆は、むした大豆にナットウキンを加え、あたたかい場所に一日近くおいて作ります。みそやしょうゆはむした米や麦にコウジカビをまぜたものを用意し、それと、塩を煮てつぶした大豆に加えてまぜ合わせます。ふたをして、風通しのよい暗いところに半年から一年の間おいておくと、大豆はみそになります。しょうゆもよく似た作り方をします。このように作り方を書いてみると、⑥は目に見えない小さな生物の力をかりるけど、⑤④③は人が物を使って作るものだから、このとうふ、納豆、みそ、しょうゆの順でいいと思います。

次に「アップとルーズで伝える」を用いた「批評読みとその交流」を行った。

「すがたをかえる大豆」を用いて、⑥段落までを学習した（筆者は言いたいことがあり、それを言うために「はじめ」の段落で、話題提示を行い、「なか」の段落で事例を出して、その事例の論理展開を工夫している）あと、⑧段落は必要か？という学習を行った。

ここでは、「すがたをかえる大豆」の条件的知識を生かした武のような発言に注目したい。

優　まず、⑥段落目に筆者の言いたいことがあるのに、⑧段落にどうして言いたいことがあるかわからないなと思ったんですけど、なぜなら、「すがたをかえる大豆」では一番言いたいことは事例をまとめた最後に一つだけだったでしょ。この「アップとルーズ」ではまとめが二つもあるのがおかしいから、⑧段落はいらない。

隆　今、優さんはなんか⑧段落はいらないって言ってたけど、なんか⑥段落の結論はアップとルーズで、テレビはアップとルーズを使ってどのように目的に応じて撮っているってことを書いてあるんだけど、⑧段落目は⑦段落目で新聞とかを出して、テレビと新聞で使い分けてるってことを言ってる。

智　僕は納得できると思うんですけど、理由は、この事例、「このように」って書いてあるから、この二つの事例をここは（⑥段落）まとめて、ここは（⑧段落）いろいろなところに使われているってことをまとめているから納得できます。「すがたをかえる大豆」だって「このように」で一番言いたいことを言っていたでしょ。⑥段落は途中でまとめが入って⑦段落でテレビ以外の新聞とかを出して言いたいことが⑧段落で伝わってくるから必要です。（略）

武　⑥段落目は、④段落目と⑤段落目のまとめっていうことで、こう「アップとルーズにはこのように」ってついているから、これとこれを（④、⑤）つないで、こういう「伝えられないことがあります」っていう、そういうことが書いてある。「すがたをかえる大豆」はここまでだったんですよね。でも、「アップとルーズ」はなぜ⑦段落や⑧段落が書いてあるかというと「すがたをかえる大豆」とは違って、もっと言いたいことがあるんだと思います。だから、⑧段落目は最後の段落だから、筆者が言いたいことが書いてあって、全体の段落のまとめってことになるから言いたいことは、「テレビでも新聞でも」アップとルーズが使われているけど、アップとルーズでは伝えられないことが書いてあるけど、受け手に伝えられるように使い分けていますってことを⑧段落では伝えたいから。⑥段落目では①と②では、「テレビでは」って書いてあって、「アップとルーズを切り替えながら放送しています。」って書いてあって。こっちでは「テレビでも新聞でも」って書いてあるから、そこが違う。

こうした学びを通して、いよいよ「ゆるやかにつながるインターネット」の本文に出会うこととなった。この本文との出会いも次のような段階を追って、教材と出会えるようにした。

①　まず、前半の「ゆるやかにつながるインターネット」の良さの⑦段落までとまとめをつないでみんな筆者の結論部分に納得できるかという「批評読みとその交流」を行った。

②　次に、本時では、まだ続きがあるんだけどと子どもたちを誘い、「ゆるやかにつながるインターネット」の全文を出して筆者の最後の主張に納得できるかという「批評読みとその交流」を行った。

どんな続きがあると思うかと尋ねると、次のように子どもたちは積極的に生活体験を引き出していった。

C　ＬＩＮＥとかでいじめに発展することもあるという、そういうことも書いてあると思います。

C　ぼくはこの間話したいじめとか、なんかメールとかでいじめとか陰口とか悪口とかを書いて他に聞いたら、親しい人とかそういうこともある。

C　僕の場合はＬＩＮＥとかそういうのじゃなくて、普通のメールでなんかその、詐欺みたいなやつ……あるサイトをポチっとして、なんか何もしてないのに請求、15万円とか請求とかがあると思います。

C　いや、なんかお母さんの携帯に一億円当たりました！みたいなの来たけど、速攻削除してた。

C　自分が経験したことなんですけど、なんかインターネットを開いたら、何万何千何百何十もいきなり更新し出して、なんか気味が悪いなと思ったことはありました。

C　お父さんの携帯であったことなんですけど、何にも知らない人から、あなたどこにいるんですか、とか変なメールが届いたりした。

子どもたちからは教師が制御しなければならないほどインターネットの負の部分の生活体験が引き出され、一気に説明文に書かれてあることが子どもにとって切実な問題となってきた。

T　いろいろ悪い点があるみたいですね。それでは、この続き、一文だけ出しますね。

C　～読む～

T　「あやうさ」って書いてありますね。「あやうさ」ってなんだろう。

C　危ない。

T　危ないこと。なるほど。危険なこと。みんなが言ってくれたように、ここからはあやうさについて書いてあるようです。みんなが言ってくれたけど、逆のことが書いてあるみたいですね。Mくん！　この間も逆って言ったときに、あることを言っていましたね。

M　「アップとルーズで伝える」でも、事例1のところで、アップの良さと悪いところとか、事例2でルーズの良さとか悪いところとかっていうのを比べていて、結論に持っていっていた。

T　対比させて結論に持っていっている。じゃあ、今みんなはインターネットによるあやうさについて、意見をたくさん出してくれたので、本文のほうを紹介していきたいと思います。それでは、今から⑧段落からの文章を読んでいきます。ここに、事例が書いてあるぞとか、筆者の言いたいことが書かれているぞというところがあったら、線を引きながら読んでいってください。(～読む～範読)

さあ、今読んだところが、この前やった⑧段落そして⑨段落までありましたね。⑧段落にはどんなことが書いてありましたか？　⑨段落であげられていた事例は何だろうね。

C　コミュニケーションの難しさのことです。

T　かな？　コミュニケーションの難しさ、具体的に何か事例が書いてあった？　どんなことが書いてあった？

C　昨日どうして来なかったのっていうのを聞かれて、ほんとは心配してくれて聞いてくれたんだけど、聞かれた側は怒っているみたいに感じ取って行き違いが出ている。

T　なるほど。行き違いが出ている。こういう経験あるという人？　ちょっと隣の人と話してみて。あんまり経験したことないみたいだね。筆者は、ここを使ってどんなことを言おうとしてるんだろう。筆者が言おうとしていることが書いてありますか。この行き違いがあるっていうのを隆二くんが言ってくれましたね。後半の部分に、筆者はこのあとどんなことを言おうとしているのだろう？

C　「たがいに、いつも意図したとおりにやり取りが運ぶと思わず、分からなかったら確かめる、予期しない返事が来ても、おこったりあきらめたりせずに、きちんと説明するということをていねいに重ねていきたいものです。」って最後の、⑧段落の最後の……返信のカッコで囲まれた部分に書いてあるので、筆者が⑧段落で言いたいことはここだと思いました。

T　これだけ？　書いてある事例は一つだけでしたか？　まだある人？

C　⑨段落……⑧段落で少なくて、⑨段落のはじめに「もう一つは」って書いてあるからもう一つ事例があって、その⑨段落の事例っていうのは、「顔を合わせずにすむという気楽さ、いつでもつながりを切ることができるという安易さから、つい無責任になりがちだということです。」というところが、事例……かなと。

C　さっきだれかが言ってたんですけど、「よく考えずに他の人をきずつける内容を発信したり」ってところで、LINEに似てる。

T　自分の経験と照らし合わせて考えてますね、すごいなー。例えば無責任になりがちってどういうことかな？　どんなことしちゃうの？

C　個人的な情報を無断で公開したり、他の人のことをきずつける内容を発信したりすることです。

T　なるほど、こんな経験ある？

C　多分私と同じくらいの年齢の子だったと思うんですけど、今年あったコンテストの個人情報が流出した。その人が個人情報を流出しちゃった。

C　実際にニュースで出された中に、ぼくの名前が入ってたんですけど、何も○○○○とかやってないのにやった人もいるかもしれないけど、動物園でスタンプラリー集めてペンもらうみたいなイベントがあったじゃないですか。あのとき○○○が開催してたからそれに名前書いて入れただけなのに。

T　自分に起きたことなんだね。筆者はこの段落でどんなことが言いたいんだと思います？　最後にどんなことが書いてある？

C　点線の『　』の中に書かれている「受け取った情報が信用できるものかを注意深く見きわめることはもちろん、あなた自身が無責任な言動をしていないかどうか、常に自分に問う必要があります。」

T　常に自分に問う……というのがあります。すごいですね。自分の経験をもとにたくさんのことを読み取ってくれました。じゃあこれを読んでみましょう。

C　「筆者が出している事例や文章構成に注目して、筆者の結論に納得できるか考えよう。」

T　ではこの前と違う⑧⑨段落というのが出てきました。そのうえで、筆者の表現、文章構成、事例⑤⑥⑦の事例や⑧⑨の事例というのを考えて、この結論に納得できるかを考えてほしいと思います。考えていくときには、せっかく第1弾、第2弾やってるから、あそこで文章構成の秘密を考えたよね。二枚目の下に納得できるかどうかを書いてください。

ワークシートに記入後、子どもたちは次のように条件的知識を用いながら新たな論理展開に出会い、「批評読みとその交流」を行った。

C　前に出ていいですか？　例えば、この「すがたをかえる大豆」でも、今までの事例、一つの目的としてのまとめがここに書いてあって、「アップとルーズで伝える」も一つの事例のあとに目的としての事例があるけれども、この「ゆるやかにつながるインターネット」では、⑦段落にはその⑤⑥段落で出したインターネットのいいところの目的としてまとめを書いているけど、今さっき配られた悪いこと？インターネットの悪いことや難しいこともあるというまとめらしきもの、ところが⑩段落に、まあ一応その、「私たちが～かかっているのです。」まで書いてあるけど、⑦段落のように一つの目的に向かってのまとめがなくて、悪い⑧⑨段落の事例に向かってのまとめが書いてないから僕はどちらでもないのところに〇をつけました。

C　僕は納得できるに〇をつけたんですけど、この間勉強した、「すがたをかえる大豆」は大豆を進化させているってことがわかって、「アップとルーズで伝える」は、事例1と事例2を対比させて、篤志くんが言ったように主張に持っていっているから、この「ゆるやかにつながるインターネット」も同じことだと思うんですけど、まとめがちょっと違って洋子さんがなんか言ってたんですけど、なんか「どんな可能性を」⑦段落に書いてある「人に対する信頼やたがいに助け合う精神を育ててくれます」。「助け合う」が⑨段落の個人的な情報を無断で公開したり、人をつなぐはずのインターネットが人をきずつける道具、きずつけるかよくするかは可能性。二つをまとめている言葉を使っていて、「社会にもたらしてくれるか」も同じような言葉だから、第2弾とちょっと同じまとめ方をしているし、題にも「ゆるやかにつながる」っていうところに、どうやるかっていう可能性、題に沿っているから、題にも沿っているし、まとめているからよいまとめ方だと思う。納得できるに〇をつけました。

C　ぼくは「アップとルーズで伝える」の事例でも、いいことも悪いこともまとめて述べてるし、「ゆるやかにつながるインターネット」では、なんか悪いところが入っていない気がする。⑨段落には無責任になりがちっていろいろ書いてあるけど、最後にはそんなあまり書いてない気がするから違うと思いました。

T　ちょっと意見が分かれ始めましたね。

祐子　私は清志くんの意見に反対なんですけど、なぜなら、さっき個人情報を公開されたとか、人にきずつけることになるとかみんな出し合ったじゃないですか。で、よく考えると、その最初が⑧段落の「しかし」というところが二番というかなっているから、悪いところになるから、単にこれはいじめです。みたいなことを直球的に言ってるわけじゃないから……ソフトに言ったから筆者が自分で考えさせようとしているから、いじめとか、その恐ろしいことは書いてないけれど、最初に「あやうさがあることもわすれてはなりません。」て書いてあるから、いじめとか書いてなくても、筆者が自分で考えることもできるんだから、直球に怖くってわけじゃないから、直球的に書いてるわけじゃなくても、その怖いことを裏に隠してるみたいな感じになってるからそういう仕組みには反対。

C　僕は、⑧段落と⑨段落の文章の作り方が違うと思うんですけど、⑧段落はすごいミニミニだけど、ここに「昨日どうして来なかったの?」という事例を出して、最後に「いつも意図したとおりにやり取りが運ぶと思わず、分からなかったら確かめる。予期しない返事が来ても、おこったりあきらめたりせずに、きちんと説明するということをていねいに重ねていきたいものです。」それは静香さんが言った通りに、単刀直入には言ってないじゃないですか。だけど、ソフトに言ってるけど、⑨段落はズバッと単刀直入に「個人的な情報を無断で公開したりしては、人をつなぐはずのインターネットが人をきずつける道具になってしまいます。」って何も事例も出さずにズバッと言ってるから、ちょっと違うなと思いました。

以上のように飛び込みの授業ではあったが、子どもたちに条件的知識の育成が図れるように既習教材を用いた学びをデザインすることによって、どの子どもたちも説明的文章の筆者の見方・考え方・述べ方に対して、自分なりの考えを形成する主体的・対話的学びの可能性を確かめることができた。

（尾崎　弘尚・河野　順子）

8 筆者の意図を考えながら読もう

「平和のとりでを築く」（光村図書　六年）

1　学習材分析

(1)　教材内容

筆者の主張を読み取るために、前半で戦前の「物産陳列館」と原爆を受けた直後の様子を述べ、後半は「原爆ドーム」が世界遺産に指定されるまでの経緯を中心に書いている論理展開を捉えて読み取ることができる。

(2)　教科内容

・一段落で被爆前の物産陳列館を紹介し、いかに市民に親しまれてきたかということを読み手に伝えている。被爆後の写真や人々の原爆ドームに対する思いと対比しながら読み進めることができる。

・時間的な順序で、一少女の日記をきっかけに市民から全国へと思いが広がってきた経緯が、筆者の思いを交えながら説明されている。保存に対する反対意見も取り上げることで、一少女の手紙がどんな意味を当時の市民にもたらしたのかを考えることができる。

・「原爆ドームを見ていると、原爆がもたらしたむごたらしいありさまを思い出すので、一刻も早く取りこわしてほしい」という反対の意見と「あの痛々しい産業奨励館だけが、いつまでも、おそるべき原爆のことを後世にうったえかけてくれるだろう――」という少女の日記を比べ読むことで、筆者の原爆ドームに対する思いにつなげて読むことができる。

・世界遺産の概要について述べ、原爆ドームの世界遺産登録が決まった経緯や当時の筆者の心情を述べる。

・最終段落の「原爆ドームは、それを見る人の心に平和のとりでを築くための世界の遺産なのだ」という文章の意味を、それまでに述べられた事例との関係で読み取っていくことができる。

(3) 教育内容

この単元を通して、自分たちの暮らしがいかにして築かれてきたのか、また、これから自分自身が平和な社会をつくっていく一員であることについて、子どもたちの意識の高まりが期待できる内容である。

2 学習指導計画（全一四時間）

第一次　単元目標を設定し、読みの構えをつくる。

第1時　第2次世界大戦後に、世界で起きた戦争や内戦などの資料を提示し、「未来に伝えるメッセージを残そう」という課題を設定する。

第2時　修学旅行での平和学習や社会科での学習を想起し、「未来に伝えるメッセージ」の要旨を考える。

第二次　説明的文章「平和のとりでを築く」を読み、原爆ドームが「世界遺産」に登録された経緯を読み取り、筆者の主張や主張に至るまでの論理展開の工夫について考える。

第1時　文章中から筆者の主張を読み取り、「なぜ筆者はこの主張に至ったのか」という課題を設定する。

第2段落　事実と意見を区別させることを通して「はじめ」「なか」「おわり」の段落構成をつかむ。

第3段落　被爆前後の様子を対比させ、物産陳列館に対する市民の思いや原爆投下時の様子を読み取る。

第4段落　⑥〜⑧段落が述べられている意図を考えさせることで、主張の意味を読み取る。

第三次　世界の平和のために自分たちがこれから考えていきたいことを交流し、「平和を守る」ことの大切さを伝えるメッセージ作りを行う。

第1・2時　調べた資料を整理し、仮の要旨を見直す。調べた資料をもとに、メッセージの構成を考える。

第3時　メッセージを発表し、友達同士で意見を交流する。

3 「批評読みとその交流」のための手立て

(1) 内容面からの課題意識の掘り起こし

自分の考えを明確にしながら文章を読むためには、既有の知識や考え方を掘り起こしながら、筆者の事例に対する見方や考え、主張について読み進めていくことが必要である。そのために単元の第一次には、これまでの平和学習や社会科の学習で学んだ資料を提示しながら戦争や平和に向けての取り組みなどを想起させ、「未来の私たちへ向けてメッセージを伝えよう」という課題を設定した。読みの中で生じる子どもたちの問いやつまずきから課題を設定する。

本教材を読み進めていく中で、以下のような筆者の表現に対する子どもたちのつまずきやこだわりが予想される。こうした子どもの側からの問いから始めることが「批評読みとその交流」を実現すると考える。

○なぜこのような表現にしているのか説明がつかない。

「平和のとりでを築く」「人々に警告する記念碑」「ちょっぴり不安」「心配は無用」　など

このような言葉に対する子どもたちのつまずきやこだわりある発言を拡大した教科書に書き込み、具体で述べてある箇所や同じ意味で使われている文章などとつなげたり、テキストに載せられた資料を使って説明を行わせたりしながら、その意味を子どもたちなりの言葉で意味付けていく。

また、主張に至るまでの筆者の論理展開については、以下のような問いが予想される。

○主張に至るまでに、なぜこのようなことが書かれているのかがわからない。

「平和の大切さを訴えるのに、なぜ戦争の悲惨さや平和を守る運動のことを述べないのだろう。」

「なぜ、冒頭に物産陳列館の説明が詳しく書かれているのか。」
「なぜ、広島での保存運動（反対意見や少女の日記）のことが書かれているのか。」
「なぜ、世界遺産についての説明や世界遺産登録の際の筆者の思いが書かれているのか。」

このような問いを促していくために、次のことを行う。

筆者の「原爆ドームは、それを見る人の心に平和のとりでを築くための世界の遺産なのだ。」という主張を支える根拠は、原爆ドームを保存しようという市民の思いであり、世界遺産登録に関わる世界の声である。主張文に述べられた「それを見る人」は「一少女」であり「広島市民」であり「世界の人々」だと言いかえることもできる。主張の意味を考えさせていくことを通して、本文中の表現や述べられた事例、その順序などに着目させ、筆者の思いや意図に迫らせていく。

(2)　自他の考えの筋道を客観的に捉える可視化のあり方

筆者の用いる表現や論理展開に対する子どもたちの疑問やこだわりのある発言を拡大した教科書に書き込み、「今どの箇所が問題となっているのか」が共通理解できるようにする。また、それぞれの子どもたちが、問題となっている表現や論理展開について、「何を根拠に」「どのように意味づけているのか」をテキストの文章や資料を使って説明することや、言葉のつながりを図で表していく活動を行い明らかにしていく。

読みの学習の終末場面では、構造図を用いながら、主張に至るまでのそれぞれの段落の役割やつながりについての子どもたちの考えを矢印や言葉によって可視化しながら押さえていく。筆者の考えや述べ方に対する意見を交流させる場面では、子どもの発言を板書していく中で、対立軸を明らかにしていった。

4 「批評読みとその交流」の実際

授業では、質の高い対話を実現するために、教材と出会わせるために三段階の過程を経た。

(1) 内容面に関する子どもたちの既有知識・経験の掘り起こし

まず、修学旅行での平和学習や社会科での学習を想起させながら「戦争」「平和」という言葉からどんな言葉を連想するか、また、どんなことを考えてきたのかを交流させた。

次に、日本が今年「戦後六七年」を迎えることを知らせ、その意味を考えさせた。現在、世界で起きている紛争をシートで紹介し、この六七年の間に、世界ではどんな争いごとが起きているかをインターネットで調べさせた。その中で生まれた健一の感想「日本もけっして他の国と比べて安全ではないということがわかり、心配になった。遅く帰ると心配する親の気持ちがわかった。」という感想は、他の子どもたちに、今の自分が、どんなことを考えていくべきかという問いを投げかけてくれた。健一が発表すると、そこから子どもたちは世界で起きている内戦や戦争について語り出した。そこで将来の自分たちに向けて「メッセージ」をデジタル画像で残すことを告げ、「今、自分のどんな考えを将来の自分自身に伝えたいのか」と問いかけた。

(2) 筆者の論理展開に出会わせるための工夫

本教材において、筆者が主張を述べるために工夫した論理展開の中で、貞子さんの日記の事例とそれを取り巻く人々の動きの事例がある。この⑥~⑧段落の事例の意味を読み捉えることが重要である。しかし、子どもたちは何となく読み飛ばしてしまう段落でもある。そこで、最初、子どもたちには⑥~⑧段落のない教材文を渡して読ませておく。次に、子どもたちに、これまで見せていなかった⑥⑦⑧段落にどんな内容が述べられているのかを予想させたあとに、⑥から⑧の事例を提示した。なぜ筆者は⑥~⑧段落の事例を書いたのかという問いに、子どもたちは次のように考えを述べていった。

かいと　楮山さんは、原爆に対する恨みももちろんあると思うけど、それよりも、原爆の恐ろしさを伝えたいという思いのほうが強い。そのことに市民は気づいたんじゃないかな。

ひかり　楮山さんは、これから亡くなっていく人。生きている人に対しては、頭から消えないでほしいという思いがあると思う。楮山さんは「あの痛々しい産業奨励館だけが、いつまでも、おそるべき原爆のことを後世にうったえかけてくれるだろう。」と日記に書いていて、これだけが平和のありがたさを伝えるものだという強い気持ちがある。「むごたらしいありさまを思い出すので一刻も早く取りこわしてほしい。」と反対だった人にも、その思いに打たれた。

ゆりえ　ときが経てば、私たちもそうだけど、平和に生きていることが当たり前のように過ごしてしまう。でも、平和に過ごせることが当たり前ではないということが原爆ドームを見れば思い出せる。楮山さんの日記から、市民も、そんな考えに変わっていったと思う。

こうした学習を経て、「未来の世界で核兵器を二度と使ってはいけない、いや、核兵器はむしろ不必要だと、世界の人々に警告する記念碑なのである。」「原爆ドームは、それを見る人の心に平和のとりでを築くための世界の遺産なのだ。」という筆者の思いについて、「とりで」「警告」「記念碑」等の言葉と、それまで述べられてきた事例とを結びつけながら、その意味に迫らせていく「批評読みとその交流」を構想した。

「なぜ、大牟田さんは、反対運動や一少女の日記を述べているのだろう。」という課題に対し、以下のようなやり取りがあった。

ひろき　反対の意見を書かなくても、大牟田さんの伝えたいことは伝わる。詳しく知りたい人がいれば、書いたほうがいいと思うけど、そこまで必要ではない。

かいと　このような反対の意見があったことを述べることで、はじめから原爆ドームを世界遺産に登録していくことを必ずしも全員が賛成していたことではないことがわかる。

教師　反対意見を述べることが主張を伝えるためには必要ということなのかな。

かいと　最後に「とりでを築く」と書いてあるんですけど、これは、人間にはみんなに弱い心があって、争いを起こしてしまうような心もあるからとりでを築こうってことなので、反対の意見があったけど、それでもみんなの平和を願う気持ちが高まってきたということを書くことは、読む人にも原爆ドームの大切さが伝わりやすい。

かいり　一少女は、これから亡くなっていく。文章に「あの痛々しい産業奨励館だけが、いつまでも、おそるべき原爆のことを後世にうったえかけてくれるだろう——」と書いてあって、亡くなっていく少女にとっては、原爆ドームを残すことが自分の思いを残すことになる。

ゆき　原爆ドームがなくなってしまうと、一少女のようにつらい思いをした人のことも、忘れ去られてしまう。つらい思いは思い出したくないということもあるけれど、二度と戦争を起こさないようにするためには、戦争の愚かさや被害がいかに大きかったかということを伝える原爆ドームを残さなければならないと思った。

えりこ　主張に世界の遺産であると書いてあるんですけど、なぜ世界遺産になったのかと言うと、広島市民や国民の強い思いがあったからだと思います。だから、反対の中でも、保存運動に立ち上がっていくきっかけとなった少女の日記は書かなくてはいけないこと。

ひかる　人間には保存に反対したり、賛成したりする様々な思いがあるんですけど、人の思いはときが経つと変わってしまうことがあるんです。少女が言うように原爆ドームは戦争の恐ろしさを変わらず伝えてくれる物だということを伝えるために、反対の意見や少女の日記のことを取り上げたんだと思います。

ごうた　反対の意見があったからこそ保存運動につながっていった。最後の文章に「原爆ドームは、それを見る人の心に平和のとりでを築くための世界の遺産なのだ。」って書いてあって、世界の遺産であるということは、世界遺産に登録されたから言えることだし、世界遺産に登録されるまでには、全国で保存運動が広まっていったからで、それは、広島の保存運動が一少女の日記がきっかけで始まったこと。だから、一少女の日記から始まっている。

ゆりえ　②段落に、市民に親しまれていたころの様子が書いてあって、それが、原爆によって痛ましい姿になったから、親しまれていたからこそ、反対の意見もあったんだと思う。それでも、そんな建物だからこそ少女は残すことが必要だと思った。

教師　②段落からもつながっている。ゆりえさんやごうたくんは、前後の段落とのつながりで考えている。（ごうたくんの意見を一少女の日記から時系列に板書する。その後、筆者の主張である「原爆ドームは、それを見る人の心に平和のとりでを築くための世界の遺産なのだ。」の意味を考えさせた。）

えみこ　「とりで」というのは、戦いのときに使うもので、平和とは関係ないようだけども、⑫段落に書いてあるように、戦争は心の中で起こるものだから、心の中での争いから平和を守るために、心にとりでを築かなくてはいけないという意味。

けいた　争いは心の油断から生まれる。普段の僕たちのけんかとか争いもそうで、戦争もそれと同じ。心の油断から守るためのものを築くためには、原爆ドームのような負の遺産を残しておかなければいけないから、そのことを言っている。

ひかる　アメリカには、原爆を落としたことについて、今でも正しかったと考えている人がいるということが調べたらわかってショックを受けたんですけど。人の心というのはときが過ぎたりすると変わってしまうものだから、僕は、さっきも言ったんですけど人より物のほうが伝えられると思うんですよね。だから、この原爆ドームも変わらずあり続けることが、人々に原爆の悲惨さだったり愚かさだったりを伝えることができるということを言っているんだと思います。だから、原爆ドームは、人の心に絶対に二度とこんな悲惨な出来事を起こす心を持たせないようにする「とりで」を作るものだと大牟田さんは伝えているんだと思います。

子どもたちから出された「心は変化する」「ものは変わらず伝え続ける」「争いは弱い心で生まれる」「心の中の争いから守る」「心の油断から守る」「負の遺産」「悲惨な出来事を起こさない心」「少女の日記があったからこそ」などの言葉を板書で振り返りながら、最終段落を再度読ませていった。

主張と事例のつながりについてひかるくんは以下のように述べた。

原爆ドーム保存に対して、賛成や反対の議論があった中で、人々が努力してきたからこそ真の平和のとりでができた。広島の人々や少女は、悲惨な出来事を体験したからこそ心の中にとりでを築いていくことができた。でも人の心は変わるものだから、負の遺産である原爆ドームだけが、心に平和のとりでを築くことの大切さを無言で伝えてくれる。

筆者の大牟田さんは、そのことを僕たちに伝えたくて、この文章を書いている。だから戦前から人々の思いをずっと見守ってきた原爆ドームだから平和の大切さを伝えるものとして取り上げて、反対運動から世界遺産になるまでのことを述べている。

5　まとめ

「未来の自分にメッセージを残そう」という、単元を貫く課題を設定したことで、説明文「平和のとりでを築く」の読みに対する子どもの意識が「何が書かれているか」から「何を取り上げ、どのような述べ方で、どのようなことを主張しているのか」というものにつながっていった。

「批評読みとその交流」を通して、反対運動や少女の日記のことを取り上げている筆者の意図を問うことで、自己の述べ方を見つめ直し、主張やその他の事例とのつながりに、子どもたちの目を向けていくことができた。

「反対の意見があって、一少女の日記があったからこそ保存運動につながっていった。最後の文章に『原爆ドームは、それを見る人の心に平和のとりでを築くための世界の遺産なのだ。』って書いてあって、世界の遺産であるということは、世界遺産に登録されたから言えることだし、世界遺産に登録されるまでには、全国で保存運動が広まっていったからで、それは、広島の保存運動が一少女の日記がきっかけで始まったこと。だから、一少女の日記から始まっている。」(ごうた)「主張に世界の遺産であると書いてあるんですけど、なぜ世界遺産になったのかというと、広島市民や国民の強い思いがあったからだと思います。だから、反対の中でも、保存運動に立ち上がっていくきっかけとなった少女の日記は書かなくてはいけないこと。」(えりこ)

「批評読みとその交流」で述べ方を問うことによって、書かれている内容についても深い読みが促されている様子が見られた。

楮山さんは、これから亡くなっていく人。生きている人に対しては、頭から消えないでほしいという思いがあると思う。楮山さんは「あの痛々しい産業奨励館だけが、いつまでも、おそるべき原爆のことを後世にうったえかけてくれるだろう。」と日記に書いていて、これだけが平和のありがたさを伝えるものだという強い気持ちがある。「むごたらしいありさまを思い出すので一刻も早く取りこわしてほしい。」という反対だった人にも、その思いに打たれた。(ひかり)

(井上 伸円)

おわりに

「批判読み」という言葉にはまだまだアレルギーを持っている先生がいらっしゃるとお聞きすることがある。「批評読み」が単に教材へ向かって否定だけを一方的に述べる読みで終わってしまってはそれは困る。本著が提案した「批評読みとその交流」は、何が書かれてあるかだけではなくて、いかに書かれてあるかに向けて筆者との対話を通して、子どもたちが既に持っている知識や技能を新たな知識や技能へと創り変え、生活に生きて働く力を育てる学びである。こうした学びが、主体的・対話的で深い学びを形成していく。

子どもたちの率直な疑問、しかも、その率直な疑問が教材が持っている教科内容である子どもたちにとって新たな知識や技能を学ぶために必要なものだったならば、子どもたちの学びは主体的なものとなる。質の高い学びを引き起こすためには課題の設定が大切である。教師が、子どもがこれまで学んできた既習の教材を知り、そこから、子どもはこれまでどのような知識・技能を獲得しているのか、あるいは学んではいても獲得できていない知識・技能は何なのかということを捉え、子どもと教材との出会いを工夫することが重要である。こうした出会いのデザインによって、子どもたちの率直な疑問は価値ある課題として位置づけられ、子どもたちの学びへの意欲は高まり、主体的な学びが実現していく。そして、筆者の見方・考え方・述べ方と子どもたちが持っている既有の知識・見方・考え方との間に対話が引き起こされ、深い学びが形成される。

低学年編で執筆していただいた杉本先生のご実践では、文と文の論理関係を捉えさせるための批評読みが一年生なりに子どもの側からの学びを立ち上がらせていくことを教えてくれる。一年生の子どもは、「なぜ？」「どうして？」と率直に問う主体的な学び手である。この率直な問いが教科内容へ向かう問いとなるために教師のデザイン力が重要である。二年生の廣口先生のご実践では、子どもたちの既有経験づくりとしておにごっこをみんなで経験するということを大切に授業が開始されていることが重要である。説明的文章の学びは「形式」と「内容」が分離されがちでそのことが子どもたちを学びから逃避させる大きな課題であることが指摘されている。こうした「形式」と「内容」を止揚するための一つの方法が「筆者と対話」するという方法である。このときに、内容面についての子どもたちの既有経験や既有知識を生成させていくと、子どもたちの学びは切実感のあるものになっていくのである。廣口実践では、こうした細やかな授業デザインがなされている。こうした教師の授業デザイン力が、三年生を間近にひかえた二年生の子どもたちに筆者の論理展開の特徴である五段落の役割の意味や事例の順序性に迫らせることを可能にしたのであろう。廣口実践に描かれている丁寧な子どもの側から出発する授業、しかも、それが教材の教科内容との出会いの中で、子どもたちそれぞれが筆者と対話し、他者と対話しながら、既有に持っていた知識や技能を再構成させていくことが大切なのである。こうした知識や技能こそが生活に生きて働く活用力のある力となっていく。

低学年の子どもたちだから教え授けなければならないのではなくて、低学年の子どもたちも主体的・対話的な学びが可能なのだということを二つの実践は教えてくれる。

こうして中学年になると、段落相互の関係を捉える力の育成が求められる。この段落相互の関係を捉えるために、子どもたちがこれまで学んできた論理展開について改めて学び直してみること、これが条件的知識を育成するうえで重要であることが田邊実践、久連松実践から見えてくる。既習に学んだ教材に、子どもたちが再び出会い、そこで、筆者の論理展開の工夫を実感として得られることが主体的学びには欠かせない。こうして子どもたちが既有知識を自ら活用できるような状態で、本文に出会うからこそ、子どもたちは自力で質の高い課題を見いだし、他者との交流を活性化させながら学びを進化させることができるのである。ここでも実践に求められるのが「批評読みとその交流」は内容面の既有知識の喚起があって初めて論理展開へ向けての子どもの思考を活性化できるということである。

その意味では、高学年に描かれている尾崎実践、井上実践の子どもたちの既有経験・既有知識の引き出しと論理展開へ向けての批評読みに多くのことを学んでほしい。子どもたちの内容面の既有経験・既有知識の知識および経験を十分に引き出し、表現させることが、論理展開へ向けての批評読みを対話的で深い学びへと誘っていくのである。

久連松先生、酒井先生には、授業の実際というよりも、授業構想とそのためのワークシートの工夫などを重点的に述べていただいた。久連松先生のような本時の授業の想定案を作り、精一杯教師が準備して、そのうえで子どもたちは教師の学びを超えて、多くの学びの事実を私たちに突きつけてくれるものである。教師は子どもたちの思考のありようを幾重にもイメージ化しながら、子どもとの学びに向かっていくことが大切である。

実際の久連松先生の授業でも、「筆者に納得できない」という子どもの意見が伸びやかに表現されていった。こうした子どもの発言に、子どもの論理を見る思いがした。教師はこうした子どもの声を大切に、学びをデザインしていきたい。

主体的で対話的な深い学びの深淵を思う。

酒井先生の授業提案は熊本大学教育学部在学中に卒業論文として執筆したほんの一部である。

その頃、熊本大学教育学部と熊本県教育委員会・熊本市教育委員会との連携事業「学習指導要領シンポジウム」を開催していた。本事業は五年間にわたり開催され、私はリーダーを務めていた。その国語分科会で酒井先生（当時古木さん）が発表し、現場の先生方から「大変わかりやすく参考になったので、すぐにでも実践に移してみたいと思います。」と言っていただいたものである。

中原先生の尾崎実践をもとにした分析もまた修士論文で取り組んだものである。

大学時代から子どもの側からの学びを引き起こす教師になりたいと願った二人のまなざしが「批評読みとその交流」に向き合ったこともまた意味のあることであった。
「批評読みとその交流」という理論が全国の子どもの側からの学びを求めていらっしゃる先生方の手によって、工夫されることによって、教育の果てなる夢である理論と実践の統合が、実を結んでいくことを楽しみにしている。たくさんの教室で生み出されたご実践について是非ご連絡をいただき、交流を重ねていきたいと切に願いながら筆を置きたい。

平成二十九年二月

河野　順子

【執筆者紹介】

杉本　典子	熊本市立白川小学校教諭
廣口　知世	福岡教育大学附属小倉小学校教諭
久連松慧美香	熊本市立銭塘小学校教諭
田邉　友弥	熊本市立城山小学校教諭
尾崎　弘尚	熊本市立壺川小学校教諭
中原　佑輔	熊本県大津町立室小学校教諭
酒井　優麻	熊本県菊池市立隈府小学校教諭
井上　伸円	熊本市立若葉小学校教頭

【編著者紹介】

河野　順子（かわの　じゅんこ）
白百合女子大学教授（学校教育学博士）
全国大学国語教育学会全国理事，日本国語教育学会理事，日本読書学会理事
公立小学校教諭。広島大学附属小学校教諭，熊本大学教育学部教授（平成24年度から３年間熊本大学教育学部附属小学校長併任）
〈最近の主な著書〉河野順子（2006）『〈対話〉による説明的文章の学習指導―メタ認知の内面化の理論構築を通して―』風間書房／河野順子・国語教育湧水の会著（2008）『入門期の説明的文章の授業改革』明治図書／河野順子（2009）『入門期のコミュニケーションの形成過程と言語発達－実践的実証的研究―』渓水社／内田伸子・鹿毛雅治・河野順子・熊本大学教育学部附属小学校（2012）『「対話」で広がる子どもの学び－授業で論理力を育てる試み―』明治図書／鶴田清司・河野順子（2012）『国語科における対話型学びの授業をつくる』明治図書／河野順子・熊本大学教育学部附属小学校（2013）『言語活動を支える論理的思考力・表現力の育成―各教科の言語活動に「根拠」「理由づけ」「主張」の三点セットを用いた学習指導の提案』渓水社／鶴田清司・河野順子編著（2014）『論理的思考力・表現力を育てる言語活動のデザイン　小学校編』明治図書／鶴田清司・河野順子（2014）『論理的思考力・表現力を育てる言語活動のデザイン　中学校編』明治図書ほか多数
URL　http://www.kawano-lab.jp/index.html

国語教育選書
質の高い対話で深い学びを引き出す
小学校国語科「批評読みとその交流」の授業づくり

2017年４月初版第１刷刊　©編著者　河　野　順　子
発行者　藤　原　光　政
発行所　明治図書出版株式会社
http://www.meijitosho.co.jp
（企画）木山麻衣子（校正）㈱東図企画
〒114-0023　東京都北区滝野川7-46-1
振替00160-5-151318　電話03（5907）6702
ご注文窓口　電話03（5907）6668

＊検印省略　組版所　中　央　美　版

Printed in Japan　ISBN978-4-18-231318-9